Ulrike Fritz

Die Sonder- und Ansparabschreibung nach § 7g EStG

AF142945

Salzwasser
Verlag

Fritz, Ulrike

Die Sonder- und Ansparabschreibung nach § 7g EStG

1. Auflage 2008 | ISBN: 978-3-86741-089-2

© CT Salzwasser-Verlag GmbH & Co. KG, 2008. Alle Rechte vorbehalten.

Die Deutsche Bibliothek verzeichnet diesen Titel in der Deutschen Nationalbibliografie. Bibliografische Daten sind unter http://dnb.ddb.de verfügbar.

Salzwasser
Verlag

Inhaltsverzeichnis

Abkürzungsverzeichnis

A	Abschnitt
a.a.O.	am angegebenen Ort
Abb.	Abbildung
Abs.	Absatz
AfA	Absetzung für Abnutzung
AfaA	Absetzung für außergewöhnliche technische oder wirtschaftliche Abnutzung
AfS	Absetzung für Substanzverringerung
Anm.	Anmerkung
AO	Abgabenordnung
Art.	Artikel
Aufl.	Auflage
BewG	Bewertungsgesetz
BFH	Bundesfinanzhof
BFH/NV	Sammlung amtlich nicht veröffentlichter Entscheidungen des Bundesfinanzhofes
BGB	Bürgerliches Gesetzbuch
BGBl	Bundesgesetzblatt
BKK	Buchführung, Bilanz, Kostenrechnung
BMF	Bundesministerium für Finanzen
BMF-Schr.	Schreiben vom Bundesministerium für Finanzen
Bsp.	Beispiel
BStBl	Bundessteuerblatt
bzw.	beziehungsweise
d.h.	das heißt
DStR	Deutsches Steuerrecht
EFG	Entscheidungen der Finanzgerichte
EG	Europäische Gemeinschaft
EigZulG	Eigenheimzulagegesetz
EStDV	Einkommensteuer-Durchführungsverordnung
EStG	Einkommensteuergesetz
EStH	Einkommensteuer-Hinweis
EStR	Einkommensteuer-Richtlinien

EU	Europäische Union
EW	Einheitswert
f.	folgend
ff.	fortfolgend
FG	Finanzgericht
FördG	Fördergebietsgesetz
gem.	gemäß
GewStG	Gewerbesteuergesetz
GmbH	Gesellschaft mit beschränkter Haftung
Gr.	Gruppe
GrS	Großer Senat
H	Hinweis
HBeglG	Haushaltsbegleitgesetz
HGB	Handelsgesetzbuch
HS	Halbsatz
Hrsg.	Herausgeber
IAS	International Accounting Standards
IFRS	International Financial Reporting Standards
IHK	Industrie- und Handelskammer
i.H.v.	in Höhe von
InvZ	Investitionszulage
i.S.d.	im Sinne des/ der
i.S.v.	im Sinne von
i.V.m.	in Verbindung mit
JStG	Jahressteuergesetz
KfW	Kreditanstalt für Wiederaufbau
Kfz	Kraftfahrzeug
KG	Kommanditgesellschaft
KMU	klein- und mittelständische Unternehmen/kleine und mittlere Unternehmen
KStG	Körperschaftsteuergesetz
Lkw	Lastkraftwagen
LSW	Lexikon des Steuer- und Wirtschaftsrechts
NJW	Neue Juristische Wochenschrift

Nr.	Nummer
NWB	Neue Wirtschaftsbriefe
OFD	Oberfinanzdirektion
p.a.	per anno
Pkw	Personenkraftwagen
R	Richtlinie
RZ	Randziffer
S.	Seite
sog.	so genannt/ genannte
StandOG	Standortsicherungsgesetz
StBerG	Steuerbereinigungsgesetz
StEntlG	Steuerentlastungsgesetz
Steuer-Stud	Steuer und Studium
StSenkG	Steuersenkungsgesetz
StuB	Steuern und Bilanzen
Tab.	Tabelle
UmwStG	Umwandlungssteuergesetz
vgl.	vergleiche
v.	von/ vom
z.B.	zum Beispiel
ZRFG	Zonenrandförderungsgesetz
zzgl.	zuzüglich

Abbildungsverzeichnis

Tabellenverzeichnis

A. Einleitung

Die Entwicklung der Unternehmerinsolvenzen in den vergangenen Jahren war dramatisch. Das Ausmaß dieses Problems spiegelt sich in den Zahlen der Insolvenzverfahren der letzten Jahre wider. So mussten im Jahre 2005 insgesamt 37.900 Unternehmer einen Insolvenzantrag bei Gericht stellen[1]. Davon weisen die kleinen und mittleren Unternehmen[2] [3] [4] mit 12.740 gemeldeten Insolvenzen den größten Anteil am Insolvenzaufkommen auf [5].

Die Ursachen dafür sind vielfältig und oft gibt es nicht nur einzelne Gründe, sondern das Zusammenspiel mehrerer Faktoren führt zu Problemen und Unternehmenskrisen. So können externe wie auch interne Gründe „…ein Unternehmen in die Knie zwingen…"[6].

Zu den externen Faktoren gehören beispielsweise die Einführung des Euros in Europa und den damit immer härter werdenden Wettbewerb, strengere Anforderungen an die Kreditgewährung

---

[1] Vgl. Insolvenzen-www.creditreform.de/Deutsch/Creditreform /Aktuelles /Creditreform_News/Creditre-form_News/2006-02-07_Insolvenzen in Deutschland vom 1.3.2006

[2] Anm.: Kleine und mittlere Unternehmen zu definieren und von Großunternehmen zu unterscheiden ist nicht eindeutig möglich, da verschiedene Merkmale, wie beispielsweise der Jahresumsatz, die Beschäftigungszahlen, das Jahresergebnis oder der Marktanteil, zur Betrachtung herangezogen werden. Maßgeblich für deren Einstufung ist daher die Empfehlung der EU Kommission vom 6.12.2003 „…ABl. der EU L 124/36 vom 20.05.2003."

[3] KMU-Definition-www.kfw-mittelstandsbank.de/ DE_Home/ Service/ Kreditantrag_und_Formulare/142291_M_KMU_Definition 2005_01.pdf vom 18.2.2006

[4] Anm.: In Anbetracht des Themas der Untersuchung werden in den nachfolgenden Ausführungen die Begriffe klein- und mittelständische Unternehmen, Mittelstand oder Mittelständler synonym für bilanzierende gewerbliche und selbständige Unternehmen, deren steuerliches Betriebsvermögen i.S.d. § 7g Abs. 2 Nr. 1a EStG 204.517 € nicht übersteigt und für Unternehmungen die ihren Gewinn durch Einnahme-Überschussrechnung ermitteln, verwendet. Für Land- und Forstwirte gilt nach § 7g Abs. 2 Nr. 2b EStG ein zum Ende des vorangegangenen Wirtschaftsjahres maximal betragender Einheitswert von 122.710 € als Größenmerkmal.

[5] Vgl. Insolvenzen-www.creditreform.de/Deutsch/Creditreform /Aktuelles /Creditreform_News/Creditreform_News/2006-02-07_Insolvenzen in Deutschland vom 1.3.2006

[6] Insolvenzen-www.creditreform.de/Deutsch/Creditreform /Aktuelles /Creditreform_News/Creditreform_News/Presseinformation Stand 30.11.2004 vom 1.3.2006

durch Basel II, Öffnung der Märkte im Bereich der EU und darüber hinaus (Globalisierung).

Aber auch interne Faktoren, wie die mangelhafte Unternehmensführung, die geringe Eigenkapitalausstattung und ungenügende Liquidität, tragen zu einer schwachen Finanzierungsstruktur der kleinen und mittleren Unternehmen bei. Lediglich 19,9% dieser Betriebe verfügen über eine stabile Eigenkapitalquote von mehr als 30% im Verhältnis zur Bilanzsumme. Dagegen haben 30% der klein- und mittelständischen Unternehmen weniger als 10% haftendes Eigenkapital zur Verfügung und sind damit unterkapitalisiert[7]. Da aber gerade durch den Mittelstand 70% der Arbeitsplätze gestellt werde und dieser damit eine traditionelle und wichtige Rolle als Wachstums- und Beschäftigungsmotor übernimmt[8], ist es von großer Bedeutung diesen Unternehmenskreis zu fördern, um durch höhere Investitionen und damit den verbundenen Anstieg der Beschäftigungen, die gesamtwirtschaftliche Entwicklung wieder voranzutreiben.

Dieser dramatischen Entwicklung der Unternehmerinsolvenzen wollte der Gesetzgeber entgegentreten und führte die Vorschrift des § 7g EStG ein, um die Eigenkapitalgewinnung für neue Investitionen zu erleichtern. Er bediente sich dafür des Mittels der sog. Ansparrücklage, welche eine steuerfreie Rücklage (Investitionsrücklage) mit einer Sonderabschreibung kombiniert[9].

Bereits mit In-Kraft-Treten des StEntlG 1984 am 29.12.1983[10] sollte durch die Vorschrift der Sonderabschreibung nach § 7g Abs. 1 EStG die wirtschaftlichen Rahmenbedingungen der Mittelständler dauerhaft verbessert werden[11]. Durch das StandOG vom 13.9.1993[12]

---

[7] Vgl. Insolvenzen- www.creditreform.de/ Deutsch/ Creditreform/ Aktuelles/ Creditreform_News/ Creditreform_News/Presseinformation Stand 30.11.2004 vom 1.3.2006

[8] Vgl. Koalitionsvertrag zwischen CDU, CSU und SPD vom 11.11.2005, Thema 1.3. Verbesserte Mittelstandsfinanzierung, S. 15 – www.cdu.de/doc/pdf/05_11_11 koalitionsvertrag.pdf vom 8.1.2006

[9] Vgl. Federmann R.: Bilanzierung nach Handelsrecht und Steuerrecht, 11.Aufl., Berlin 2000, S. 257

[10] Vgl. StEntlG 1984 vom 25.11.1983, BGBl I 1983, S. 1583

[11] Vgl. Handzik P. in Littmann E./ Bitz H. und Pust H.: Sonderabschreibung und Ansparrücklage, im: Kommentar zum Einkommensteuerrecht zu § 7g EStG, 15. Aufl., Stuttgart 2005, RZ 1

[12] Vgl. StandOG vom 13.9.1993, BGBl I 1993, S. 774

wurde der § 7g EStG durch die Absätze 3-6 erweitert. Dadurch bestand ab dem Veranlagungszeitraum 1995 die Möglichkeit zur Vornahme einer Ansparabschreibung für künftige Investitionen. Durch eine zeitliche Vorverlagerung der Gewinnminderung, höchstens aber zwei Jahre vor Anschaffung oder Herstellung des Investitionsgutes, subventioniert der Gesetzgeber kleine und mittlere Betriebe.

Die Regelung des § 7g EStG gilt somit als ein „staatliches Instrument der Mittelstandförderung", welches Anreize für neue, insbesondere zukunftsträchtige und technologieintensive Investitionen schaffen soll[13]. Durch ihre Anwendung kann, wie nachfolgend noch näher erläutert wird, eine liquiditätsschonende Steuerverlagerung und Stärkung der Eigenkapitalquote erzielt werden.

Da der Gesetzgeber durch die Regelung des § 7g EStG Betriebsausgaben fingiert, verlangt er die Erfüllung strenger formeller Voraussetzungen, über deren Vorliegen Unternehmer und Finanzverwaltung immer wieder in Streit geraten. So ist der Unternehmer an einer größtmöglichen Verwendbarkeit der Sonder- bzw. Ansparabschreibung, als ein wichtiges Gestaltungsmittel der Steuerbilanzpolitik und deren großzügige Auslegung, interessiert[14]. Die Finanzverwaltung soll eine einheitliche Umsetzung im Rahmen der steuerlichen Veranlagung bzw. bei der Betriebsprüfung anstreben. Schließlich trachtet sie danach, dass die Rücklage nicht ihren Zweck verfehlt und nur als reines Gestaltungsmittel ohne faktische Zweckbindung verwendet wird. Gleichwohl soll sie den vom Gesetzgeber verfolgten Förderwillen beachten und nicht die Inanspruchnahme des § 7g EStG durch eine zu enge Gesetzesauslegung beeinflussen.

Um diesem Spannungsfeld gerecht zu werden, wenden sich die Rechtssprechung und der Gesetzgeber immer öfter den Voraussetzungen der Bildung der Ansparabschreibung zu. Es werden Verwaltungsanweisungen, wie z.B. das BMF Schreiben vom 25.2.2004[15], in welchem zu den bis dahin aufkommenden Zweifelsfragen umfassend Stellung genommen wird, erlassen. Dort rücken vor allem Tatbestandsvoraussetzungen, die sich aus dem Gesetzeswortlaut

---

[13] Vgl. Heidreich V. und Rosseburg J.: Die Ansparabschreibung als Instrument der Steuerbilanzpolitik im Lichte neuerer Rechtsprechung, in: Steuer-Stud Heft, 12/2003, S.634

[14] Vgl. Heidreich V. und Rosseburg J.: Die Ansparabschreibung als Instrument der Steuerbilanzpolitik im Lichte neuerer Rechtsprechung, a.a.O., S.635

[15] Vgl. BMF Schreiben vom 25.2.2004, IV A 6-S 2183 b-1/04, BStBl I 2004, S. 337

nicht sofort entnehmen lassen wie z.B. die Investitionsabsicht, der Finanzierungszusammenhang oder die Konkretisierung des Investitionsvorhabens in den Blickpunkt und werden näher erläutert.

Vor diesem Hintergrund ist Zielsetzung der Untersuchung, die Anspruchsvoraussetzungen des § 7g EStG aus steuerlicher Sicht sowie deren Vor- und Nachteile darzustellen. In diesem Zusammenhang wird das Motiv des Gesetzgebers für die Einführung dieser Vorschrift und die mögliche Liquiditätsverbesserung kleiner und mittlerer Unternehmen durch deren Inanspruchnahme erläutert.

B.   Abschreibungen

I.   Begriff der Abschreibungen

Abschreibungen sind alle Formen einer periodengerechten Wertverteilung bei der Findung von Wertansätzen von Vermögensgegenständen[16] [17].

Je nach Zweck und Ziel der betrieblichen Erfolgsrechnung wird zwischen drei Abschreibungsarten unterschieden:

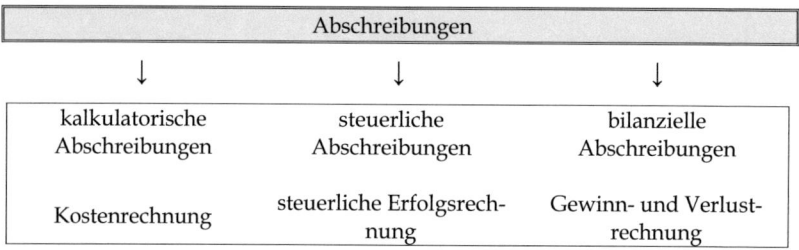

Tab. 1: Darstellung der drei Abschreibungsarten
Quelle: Däumler K.-D.: Betriebswirtschaftliche Finanzwirtschaft, 5. Aufl., Herne, Berlin 1991, S. 403

Neben den kalkulatorischen Abschreibungen, die als kalkulatorische Kosten in die Kostenrechnung eingehen, erfolgt in der steuerlichen Erfolgsrechnung der Ansatz mit den steuerlichen Abschreibungen, welche als Betriebsausgabe den steuerpflichtigen Gewinn mindern[18]. In der Gewinn- und Verlustrechnung werden bilanzielle Abschreibungen, die als Aufwand den Jahresüberschuss vermindern, angesetzt.

Die bilanziellen Abschreibungen lassen sich je nach Betrachtungsweise nach den folgenden Kriterien unterteilen[19]:

---

[16]   Vgl. Hilke W.: Jahresabschluss nach Handels- und Steuerrecht, 6. Aufl., Wiesbaden 2002, S. 164

[17]   Anm.: In meiner Untersuchung werde ich die Begriffe Vermögensgegenstand, Wirtschaftsgut, Investitionsgut und Anlagegut synonym verwenden.

[18]   Vgl. Däumler K.-D.: Betriebswirtschaftliche Finanzwirtschaft, a.a.O. S. 403 f.

[19]   Vgl. Federmann R.: Bilanzierung nach Handelsrecht und Steuerrecht, a.a.O, S. 361

Kriterium	Unterteilung
rechtliche Begründung	in Abschreibungen im Steuerrecht
	in Abschreibungen im Handelsrecht
Planmäßigkeit	in Planmäßigkeit
	in Außerplanmäßigkeit
Buchungstechnik	in direkte Abschreibungen
	in indirekte Abschreibungen
Vermögenszugehörigkeit	in Abschreibungen des Anlagevermögens
	in Abschreibungen des Umlaufvermögens

Tab. 2: Übersicht über die bilanziellen Abschreibungsarten
Quelle: Eigene Darstellung in Anlehnung an: Federmann R.: Bilanzierung nach Handelsrecht und Steuerrecht, a.a.O., S. 361

Im Handels- und Steuerrecht wird zwischen den planmäßigen und den außerplanmäßigen Abschreibungen unterschieden[20]. Zu den steuerlich planmäßigen Abschreibungen gehören

- die Absetzung für Abnutzung und
- die Absetzung für Substanzverringerung.

Als außerplanmäßige Abschreibungen werden im Steuerrecht unterschieden

- die Absetzung für außergewöhnliche technische oder wirtschaftliche Abnutzung,
- die erhöhten Abschreibungen,
- die Teilwertabschreibung und
- die Sonderabschreibung.

---

[20] Anm.: Das Handelsrecht differenziert zwischen planmäßigen Abschreibungen auf den Wertverzehr am abnutzbaren Anlagevermögen (§ 253 Abs. 2 S. 1 HGB) und außerplanmäßigen Abschreibungen durch Wertminderung am Anlagevermögen (§ 253 Abs. 2 S. 3 HGB) oder Umlaufvermögen (§ 253 Abs. 3 HGB). Da das Thema der Untersuchung aus steuerlicher Sicht vorgestellt wird, wird im Folgenden auf die handelsrechtlichen Vorschriften nicht näher eingegangen.

Steuerrechtlich können Abschreibungen nur für die Wirtschaftsgüter vorgenommen werden, die zur Erzielung von Einkünften genutzt werden[21].

II. Planmäßige Abschreibungen und Absetzung für Abnutzung

Aufgabe der planmäßigen Abschreibungen und AfA ist es, Aufwendungen für den Erwerb eines aktivierungspflichtigen Vermögensgegenstandes, den ein Unternehmer erfahrungsgemäß auf einen Zeitraum von mehr als einem Jahr verwendet, nach unterschiedlichen Methoden auf die Dauer der Nutzung zu verteilen. Sie tragen dazu bei, den periodengerechten Gewinn zu ermitteln (Periodisierung, *Verteilungsfunktion*)[22].

Weiterhin werden der planmäßigen Abschreibungen eine besondere *Finanzierungs- und Kapitalerhaltungsfunktion* zugesprochen[23]. Der Ansatz der Abschreibungen als Aufwand hat eine Verringerung des ausweisbaren Periodengewinnes zur Folge. Diese Gewinnanteile werden demzufolge weder ausgeschüttet noch besteuert[24]. Durch die Einbeziehung der Abschreibungskosten in die Verkaufspreise der Erzeugnisse fließt Kapital in das Unternehmen zurück, welches zur Reinvestition neuer Wirtschaftsgüter im Betrieb genutzt werden kann (Kapitalfreisetzungseffekt)[25]. Darüber hinaus können die freigesetzten Abschreibungsgegenwerte der noch nicht vollständig abgeschriebenen Anlagegüter sofort für neue Investitionsprogramme genutzt werden (Kapazitätserweiterungseffekt oder Lohmann-Ruchti-Effekt)[26]. Hieraus ergibt sich ebenfalls ein finanzwirtschaftlicher Effekt.

---

[21] Vgl. Keller M.: Absetzung für Abnutzung, in: ABC der Betriebsprüfung, Hrsg. Günter Papperitz u.a.,
4. erweiterte Aufl., Fach 6, Bonn, Berlin 2005, S. 3, RZ 1

[22] Vgl. Federmann R.: Bilanzierung nach Handelsrecht und Steuerrecht, a.a.O., S. 363

[23] Vgl. Federmann R.: Bilanzierung nach Handelsrecht und Steuerrecht, a.a.O., S. 363

[24] Vgl. Gräfer H./Beike R. und Scheld G.-A.: Grundlagen, Institutionen, Instrumente und Kapitalmarkttheorie, 2. Aufl., Hamburg 1994, S. 288

[25] Vgl. Däumler K.-D.: Betriebswirtschaftliche Finanzwirtschaft, a.a.O. S. 397

[26] Vgl. Däumler K.-D.: Betriebswirtschaftliche Finanzwirtschaft, a.a.O. S. 398

Die planmäßigen Abschreibungen bieten dem Unternehmer wegen ihrer vielfältigen Erscheinungsformen die Möglichkeit seine Bilanz zu gestalten (*bilanzpolitische Funktion*).

Da die Abschreibungen zu den sofort abziehbaren Betriebsausgaben gehören, werden sie in der Gewinn- und Verlustrechnung als Aufwand ausgewiesen. Dies wiederum bewirkt eine entsprechende Gewinnminderung und eine damit einhergehende geringere Steuerfestsetzung. Durch deren Inanspruchnahme hat der Unternehmer somit die Wahl, gewinn- und damit steuerbeeinflussend zu entscheiden (*Steuerentlastungsfunktion*).

Letztendlich haben die planmäßigen Abschreibungen die Funktion, die Wertminderungen, die auf wirtschaftliche Entwertung, technischen Verschleiß oder auf Substanzverringerung zurückzuführen sind, zu berücksichtigen. Es wird durch deren Vornahme ein korrekter Ausweis des Wertes des Vermögensgegenstandes in der Gewinnermittlung ermöglicht (*Wertverlustausgleichsfunktion*)[27].

III. Außerplanmäßige Abschreibungen

Außerplanmäßige Abschreibungen müssen oder können bei allen Vermögensgegenständen, unabhängig von deren Abnutzbarkeit, vorgenommen werden[28].

Aufgabe dieser ist es, außergewöhnliche Abnutzungen und Wertminderungen, die über den normalen Wertverzehr hinausgehen, zu berücksichtigen. So können außerplanmäßige Abschreibungen notwendig sein, wenn der Wert des Wirtschaftsgutes am Gewinnermittlungsstichtag unter denjenigen Buchwert liegt, der mit Vornahme der planmäßigen Abschreibungen ermittelt wurde. Daher ist beim Anlagevermögen bei einer voraussichtlich dauernden Wertminderung eine Abschreibung auf den niedrigeren beizulegenden Stichtagswert vorzunehmen (Teilwertabschreibung). Werteinbußen, die auf übermäßig technischen Verschleiß oder wirtschaftliche Entwertung zurückzuführen sind, sind im Rahmen der

---

27 Vgl. Federmann R.: Bilanzierung nach Handelsrecht und Steuerrecht, a.a.O., S. 363
28 Vgl. Federmann R.: Bilanzierung nach Handelsrecht und Steuerrecht, a.a.O., S. 375

außergewöhnlichen Abschreibungen, der AfaA zu berücksichtigen (*Wertverlustausgleichsfunktion*)[29].

Um einen korrekten Vermögensausweis in der Gewinnermittlung zu ermöglichen, ist die Inanspruchnahme außerplanmäßiger Abschreibungen notwendig (*Vermögensausweisfunktion*).

Darüber hinaus kann der Grund für die Vornahme von außerplanmäßigen Abschreibungen in bestimmten wirtschaftspolitischen Zielsetzungen liegen, die in keinem direkten Zusammenhang mit dem tatsächlichen Entwertungsverlauf stehen[30].

So lässt der Steuergesetzgeber gerade aus diesem Grund steuerliche Erleichterungen und Vorteile in Form von Sonderabschreibungen und erhöhten Absetzungen zu. Der Betriebsinhaber soll angehalten werden, sich durch eine bewusste Vorsorge, Reservenbildung zu schaffen (*wirtschaftspolitische Funktion*)[31].

Abschließend lässt sich festhalten, dass auch die außerplanmäßigen Abschreibungen eine *steuerbilanzpolitische Funktion* aufweisen. Sie vermindern den Gewinn und die damit gewinnabhängigen Steuern. Nimmt der Unternehmer Sonderabschreibungen oder erhöhte Absetzungen vor, verringert sich dadurch sein Jahresergebnis und somit seine Steuerlast. Diese Minderung wird allerdings in den Folgejahren, nach Ablauf des Begünstigungszeitraumes wieder kompensiert, denn auch bei diesen Abschreibungsmethoden dürfen insgesamt nicht mehr als die Anschaffungs- oder Herstellungskosten abgesetzt werden. So kommt es letztendlich nur zu einer Steuerverschiebung, welche aber zu Liquiditätsverbesserungen führen und eine Finanzierungshilfe darstellen kann[32].

IV. Voraussetzungen der Abschreibungen

Abschreibungen sind bei Wirtschaftsgütern vorzunehmen, die abnutzbare Anlagegüter sind[33].

---

[29] Vgl. Federmann R.: Bilanzierung nach Handelsrecht und Steuerrecht, a.a.O., S. 363

[30] Vgl. Federmann R.: Bilanzierung nach Handelsrecht und Steuerrecht, a.a.O., S. 378

[31] Vgl. Hilke W.: Jahresabschluss nach Handels- und Steuerrecht, a.a.O., S. 173

[32] Vgl. Federmann R.: Bilanzierung nach Handelsrecht und Steuerrecht, a.a.O., S. 379

[33] Vgl. BFH Urteil vom 31.1.1986, VI R 78/82, BStBl II 1986, S. 355

1. Wirtschaftsgut

Steuerlich ist das einzelne Wirtschaftsgut abschreibungsfähig, wobei der Begriff des Wirtschaftsgutes gesetzlich nicht definiert ist. Nach der Rechtsprechung des BFH sind hierunter Gegenstände des Zivilrechts (Sachen und Rechte), rechtliche und tatsächliche Zustände, konkrete Möglichkeiten und sonstige Vorteile zu verstehen, die sich der Betriebsinhaber etwas kosten lässt[34]. Dabei muss das Wirtschaftsgut nach der Verkehrsanschauung einer selbständigen Bewertung und Verkehrsfähigkeit zugänglich sein und einen Nutzen für die Zukunft versprechen[35].

Wirtschaftsgüter können steuerlich unterschieden werden in

- aktive und passive,
- materielle und immaterielle,
- abnutzbare und nicht abnutzbare,
- bewegliche und nicht bewegliche sowie in solche des
- Anlage- und Umlaufvermögens[36].

2. Zugehörigkeit zum Anlagevermögen

Entscheidend für die Zugehörigkeit zum Anlagevermögen ist die Zweckbestimmung des Wirtschaftsgutes. Demnach gehört ein Wirtschaftsgut zum Anlagevermögen, wenn es dazu bestimmt ist dem Geschäftsbetrieb auf Dauer zu dienen[37].

---

[34] Vgl. Federmann R.: Bilanzierung nach Handelsrecht und Steuerrecht, a.a.O., S. 204 ff.

[35] Vgl. Gänger H.: Absetzungen für Abnutzungen, in: NWB, Heft 48 vom 23.11.1998, Fach 3c, S. 4807

[36] Vgl. Federmann R.: Bilanzierung nach Handelsrecht und Steuerrecht, a.a.O., S. 207

[37] Vgl. § 6 Abs. 1 Nr. 1 EStG i.V.m. R 6.1 Abs. 1 S. 1 zu § 6 EStR 2005

a. Abnutzbares und nichtabnutzbares Anlagevermögen

Abnutzbar ist ein Wirtschaftsgut, wenn deren Nutzung zeitlich begrenzt ist[38]. Dabei muss sich diese aus der Natur des Anlagegutes ergeben und kann auf unterschiedlichen Gegebenheiten beruhen.

1. Das Wirtschaftsgut unterliegt der Abnutzung infolge natürlicher Einflüsse oder des Gebrauchs. Es nutzt sich somit technisch ab (materieller Verschleiß).

2. Es verliert technisch und/ oder wirtschaftlich an Wert.

3. Die Nutzungsdauer ist aufgrund gesetzlicher oder vertraglicher Gegebenheiten begrenzt.

b. Bewegliches und unbewegliches Anlagevermögen

Zu den beweglichen abnutzbaren Anlagegütern gehören neben den Sachen i.S.d § 90 BGB, Tiere gem. § 90a BGB, Betriebsvorrichtungen und Scheinbestandteile i.S.d. § 95 BGB[39]. Gebäude, Mietereinbauten als selbständige materielle Wirtschaftsgüter und abnutzbare immaterielle Wirtschaftsgüter zählen zum unbeweglichen abnutzbaren Anlagevermögen[40]. Die Abgrenzung zwischen den beweglichen und unbeweglichen Anlagegütern erfolgt nach den Grundsätzen des Bewertungsgesetzes[41].

V.   Abschreibungsberechtigter

Abschreibungsberechtigter ist steuerlich derjenige, der das Wirtschaftsgut zur steuerpflichtigen Einkünfteerzielung nutzt und somit den wirtschaftlichen Wertverzehr trägt. In der Regel ist dies der zivilrechtliche Eigentümer[42]. Beim Auseinanderfallen von rechtlichem und wirtschaftlichem Eigentum hat der wirtschaftliche Ei-

---

[38] Vgl. Schoor H.-W.: Planmäßige Abschreibung des Anlagevermögens: Gesetzliche Grundlagen und allgemeine Grundsätze in: BBK, Heft 13 vom 6.7.2001, Fach 12, S. 6474

[39] Vgl. R 7.1 Abs. 2 S. 1 zu § 7 EStR 2005

[40] Vgl. Falterbaum H./Bolk W./Reiß W. und Eberhart R.: Buchführung und Bilanz, Hrsg. Deutsche Steuergewerkschaft, 18.Aufl., Achim bei Bremen 2001, S. 666

[41] Vgl. Falterbaum H./Bolk W./Reiß W. und Eberhart R.: Buchführung und Bilanz, a.a.O., S. 666

[42] Vgl. Falterbaum H./Bolk W./Reiß W. und Eberhart R.: Buchführung und Bilanz, a.a.O., S. 666

gentümer nach § 39 Abs. 2 Nr. 1 AO die Abschreibungsberechtigung. Allerdings muss dieser dann das Wirtschaftsgut zur Erzielung von Einkünften verwenden[43]. Unabhängig vom bürgerlich-rechtlichen oder wirtschaftlichen Eigentum kann der Unternehmer auch dann Abschreibungen geltend machen, wenn er im eigenen Interesse Aufwendungen für ein fremdes Wirtschaftsgut trägt[44].

VI. Umfang der Abschreibungen

1. Bemessungsgrundlage

Ausgangswert für die Bemessung der Abschreibung sind gem. § 7 Abs. 1 S. 1 EStG grundsätzlich die Anschaffungs- oder Herstellungskosten[45].

a. Anschaffungskosten

Der Begriff der Anschaffungskosten ergibt sich aus § 255 Abs. 1 S. 1 HGB[46]. Anschaffungskosten sind danach alle Aufwendungen, die geleistet werden, um das Wirtschaftsgut zu erwerben und in einen dem angestrebten Zweck entsprechenden betriebsbereiten Zustand zu versetzen. Dabei müssen die Aufwendungen dem Vermögensgegenstand einzeln zugeordnet werden können[47]. Gemeinkosten gehören somit nicht zu Anschaffungskosten, auch wenn sie im Beschaffungsbereich des Unternehmers anfallen.

Bei der Ermittlung der Anschaffungskosten sind zu berücksichtigen[48]

- der Anschaffungspreis,

- die nachträglichen Anschaffungskosten, die mit dem Anschaffungsvorgang in Zusammenhang stehen und erst nach dem Erwerb des Wirtschaftsgutes anfallen,

---

[43] Vgl. Schoor H.-W.: Planmäßige Abschreibung des Anlagevermögens: Gesetzliche Grundlagen und allgemeine Grundsätze, a.a.O, S. 6474

[44] Vgl. BFH Urteil vom 23.8.1999, GrS 1/97, BStBl II 1999, S. 778

[45] Vgl. Schoor H.-W.: Planmäßige Abschreibung des Anlagevermögens: Gesetzliche Grundlagen und allgemeine Grundsätze, a.a.O., S. 6476

[46] Vgl. H 6.2 Stichwort „Anschaffungskosten" zu § 6 EStH 2005 i.V.m. § 255 Abs. 1 S. 1 HGB

[47] Vgl. BFH Urteil vom 13.4.1988, I R 104/86, BStBl II 1988, S. 892

[48] Vgl. Hilke W.: Jahresabschluss nach Handels- und Steuerrecht, a.a.O., S. 147

- die Anschaffungsnebenkosten, wie Erwerbsnebenkosten oder Betriebsbereitschaftskosten, nach § 255 Abs. 1 S. 2 HGB und

- die Anschaffungspreisminderungen, wie Rabatte, Skonti oder Boni, welche nach § 252 Abs. 1 S. 3 HGB von den Anschaffungskosten abzusetzen sind[49].

b. Herstellungskosten

Eine Herstellung liegt im Gegensatz zur Anschaffung immer dann vor, wenn der Unternehmer einen Vermögensgegenstand auf eigene Rechnung herstellt oder herstellen lässt. Herstellungskosten stellen somit einen Maßstab für die Bewertung eines nicht erworbenen Wirtschaftsgutes dar[50]. Der Begriff der Herstellungskosten ergibt sich aus § 255 Abs. 2 S. 1 HGB. Danach sind Herstellungskosten alle „...Aufwendungen, die durch den Verbrauch von Gütern und die Inanspruchnahme von Diensten für die Herstellung eines Vermögensgegenstandes, seine Erweiterung oder für eine über seinen ursprünglichen Zustand hinausgehende wesentliche Verbesserung entstehen."[51] Zu den Herstellungskosten gehören sowohl die Kosten, die unmittelbar der Herstellung dienen, als auch die Aufwendungen, die zwangsläufig im Zusammenhang mit der Herstellung des Wirtschaftsgutes anfallen oder mit ihr in einem engen wirtschaftlichen Zusammenhang stehen.

Da steuerrechtlich keine gesetzlichen Vorschriften über die einzelnen einzubeziehenden Positionen bestehen, ist die handelsrechtliche Begriffsbestimmung laut Rechtssprechung im Grundsatz nach auch für das Steuerrecht anzuwenden[52]. So sind die in R 6.3 zu § 6 EStR 2005 aufgezählten Kostenarten zu berücksichtigen[53].

Zum steuerlichen Mindestansatz der Herstellungskosten zählen neben den Einzelkosten (Material-, Fertigungseinzelkosten, Sonderkosten der Fertigung) auch die Gemeinkosten (Material-, Ferti-

[49] Vgl. BFH Urteil vom 22.4.1988, III R 54/83, BStBl II 1988, S. 901
[50] Vgl. Falterbaum H./Bolk W./Reiß W. und Eberhart R: Buchführung und Bilanz, a.a.O., S. 601
[51] § 255 Abs. 2 S. 1 HGB
[52] Vgl. BFH Urteil vom 4.7.1990, GrS 1/89, BStBl II 1990, S. 830
[53] Vgl. Abb. 1 im Anhang XII.3: Ansatz der Herstellungskosten im Steuerrecht

gungsgemeinkosten) und der Wertverzehr des der Fertigung dienenden Anlagevermögens[54]. Darüber hinaus bestehen für die Kosten der allgemeinen Verwaltung, für die Aufwendungen der sozialen Einrichtung des Betriebes, für die freiwillige soziale und betriebliche Altersvorsorge sowie für die eindeutig dem hergestellten Vermögensgegenstand zurechenbaren Fremdkapitalzinsen nach § 255 Abs. 3 S. 2 HGB[55], ein Aktivierungswahlrecht. Die Vertriebskosten gehören gem. § 255 Abs. 2 S. 4 HGB nicht zu den Herstellungskosten.

c. Hilfswerte

In Ausnahmefällen kommen anstatt der Anschaffungs- oder Herstellungskosten sog. Hilfswerte zum Ansatz. Dies ist z.B. bei Einlagen oder bei der Eröffnung des Betriebes, der Einlagewert nach § 6 Abs. 1 Nr. 5 und Nr. 6 EStG. Die Anschaffungs- oder Herstellungskosten bzw. die Hilfswerte stellen den Höchstwert der über die Nutzungsdauer zu verteilenden Beträge dar. Mehr als diese dürfen nicht abgeschrieben werden.

2.   Abschreibungszeitraum

a.   Betriebsgewöhnliche Nutzungsdauer

Der Abschreibungszeitraum ist der Zeitraum, auf den die Anschaffungs- oder Herstellungskosten oder die an ihre Stelle tretenden Werte zu verteilen sind[56]. Er bemisst sich bei Vermögensgegenständen des Betriebsvermögens nach deren betriebsgewöhnlichen Nutzungsdauer. Diese bestimmt sich nach der Zeit, in der das Wirtschaftsgut erfahrungsgemäß zur Erzielung von Einnahmen verwendet oder genutzt werden kann[57]. Zu unterscheiden ist zwischen der technischen und der wirtschaftlichen Nutzungsdauer.

---

[54]   Vgl. R 6.3 Abs. 1-3 zu § 6 EStR 2005
[55]   Vgl. R 6.3 Abs. 4 S. 1 zu § 6 EStR 2005
[56]   Vgl. Schoor H.-W.: Planmäßige Abschreibung des Anlagevermögens: Gesetzliche Grundlagen und allgemeine Grundsätze, a.a.O., S. 6478
[57]   Vgl. Keller M.: Absetzung für Abnutzung, a.a.O. S. 12, RZ 34.1

Die technische Nutzungsdauer ist der Zeitraum, in der das Wirtschaftsgut technisch verwendungsfähig ist. Dabei spielt es keine Rolle, ob das Anlagegut auch tatsächlich diese Zeit im Betrieb verbleibt. Die im Regelfall kürzere, sog. wirtschaftliche Nutzungsdauer, bestimmt den Zeitraum, in dem das Wirtschaftsgut für das Unternehmen nutzungsfähig ist. Ist diese kürzer als die technische Nutzungsdauer, ist sie für die Bemessung der AfA maßgebend[58]. Bei gebraucht angeschafften Wirtschaftsgütern bemisst sich die Nutzungsdauer nach der sog. Restnutzungsdauer[59].

b. Schätzung der Nutzungsdauer

Die betriebsgewöhnliche Nutzungsdauer wird unter Beachtung aller betrieblichen Verhältnisse geschätzt[60]. Ausgangspunkt für die Schätzung ist dabei die technische Nutzungsdauer. Liegen Umstände vor, die eine kürzere Nutzungsdauer begründen, wie z.b. der objektive wirtschaftliche Verbrauch vor Ablauf der technischen Abnutzung und wird diese Abweichung durch den Unternehmer besonders begründet, ist diese zu Grunde zu legen[61].

c. Amtliche Abschreibungstabellen

Ein in der Rechtsprechung anerkanntes Hilfsmittel zur Schätzung der Nutzungsdauer sind die amtlichen Abschreibungstabellen, die das BMF unter Beteiligung der Fachverbände der Wirtschaft und im Einvernehmen mit den Finanzverwaltungen der Länder für allgemein verwendbare Wirtschaftsgüter und für bewegliche Anlagegüter der einzelnen Wirtschaftszweige herausgibt. Die aktuellen Tabellen gelten für alle Wirtschaftsgüter, die nach dem 31.12.2000 angeschafft oder hergestellt worden sind[62]. Sie beruhen auf Erfahrungen der in Betrieben stattfindenden steuerlichen Betriebsprüfungen und dienen als Anhaltspunkt für die Angemessenheit der Ab-

---

[58] Vgl. BFH Urteil vom 19.11.1997, X R 78/94, BStBl II 1998, S. 59
[59] Vgl. BFH Urteil vom 19.5.1976, I R 164/74, BStBl II 1977, S. 60
[60] Vgl. Gänger H.: Absetzungen für Abnutzungen, a.a.O., S. 4810
[61] Vgl. BFH Urteil vom 28.9.1971, VIII R 73/68, BStBl II 1972, S. 176
[62] Vgl. BMF Schreiben vom 14.12.2001, IV D 2-S 1551-497/01, BStBl I 2001, S. 861

setzung für Abnutzung[63]. Auch der BFH hält sich an diese amtlichen Abschreibungstabellen[64].

d. Beginn und Ende der Abschreibung

a.a. Beginn der Abschreibung

Die Abschreibung beginnt mit der Anschaffung oder der Herstellung des Wirtschaftsgutes. Die Ingebrauchnahme[65] oder Bezahlung[66] des Vermögensgegenstandes ist für den Beginn der Abschreibung keine Voraussetzung und zwar auch dann nicht, wenn das Anlagegut auf Vorrat angeschafft oder hergestellt wird.

Die Anschaffung ist gem. § 9a EStDV die Lieferung eines Wirtschaftsgutes[67]. Unter Lieferung wird der Zeitpunkt verstanden, in dem der Unternehmer die Verfügungsmacht über das Wirtschaftsgut erhält.

Wird ein Anlagegut hergestellt, beginnt die Abschreibung zum Zeitpunkt seiner Fertigstellung[68]. Dies ist der Fall, wenn es für Zwecke der Einnahmeerzielung einsatzbereit oder nutzungsfähig ist, ohne dass die tatsächliche Nutzung eine Rolle spielt[69].

b.b. Abschreibung im Jahr der Anschaffung oder Herstellung

Bei einem Vermögensgegenstand, der im Laufe eines Jahres angeschafft oder fertig gestellt wird, ist die lineare Abschreibung gem. § 7 Abs. 1 S. 4 EStG bzw. die degressive Absetzung nach § 7 Abs. 2 S. 3 EStG i.V.m. § 7 Abs. 1 S. 4 EStG zeitanteilig vorzunehmen[70]. Eine Auf- bzw. Abrundung der Monate ist dabei zulässig[71].

---

[63] Vgl. Schoor H.-W.: Planmäßige Abschreibung des Anlagevermögens: Gesetzliche Grundlagen und allgemeine Grundsätze, a.a.O., S. 6480
[64] Vgl. BFH Urteil vom 8.11.2001, VI R 29/96, BFH/NV 1997, S. 288
[65] Vgl. BFH Urteil vom 25.3.1977, V R 113/74, BStBl II 1977, S. 708
[66] Vgl. BFH Urteil vom 16.1.1996, IX R 60/94, BFH/NV1996, S. 600
[67] Vgl. R 7.4 Abs. 1 S. 2 zu § 7 EStR 2005
[68] Vgl. R 7.4 Abs. 1 S. 5 zu § 7 EStR 2005
[69] Vgl. BFH Urteil vom 23.1.1980, I R 33/77, BStBl II 1980, S. 356
[70] Anm.: Die in R 44 Abs. 2 S. 3 zu § 7 EStR 2004 aufgezeigte Vereinfachungsregel für bewegliche Vermögensgegenstände wurde mit dem HBeglG 2004 zum 1.1.2004 abgeschafft. Danach konnte für Wirtschaftsgüter, deren Anschaffung oder Herstellung in der ersten Jahreshälfte vorgenommen wurde, der ganze Abschreibungsjahresbetrag abgesetzt werden. Für Anlagegüter,

c.c. Ende der Abschreibung

Die Abschreibung endet spätestens zu dem Zeitpunkt, in dem das Abschreibungsvolumen verbraucht ist. Scheidet das Wirtschaftsgut im Laufe eines Wirtschaftsjahres aus dem Unternehmen aus und dient somit nicht mehr der Einkünfteerzielung, ist für dieses Jahr nur der zeitanteilige Abschreibungsjahresbetrag zu berücksichtigen[72].

3. Abschreibungsmethoden

a. Allgemeines

Um dem bilanzpolitischen Spielraum und den damit verbundenen korrekten Ausweis des Vermögensgegenstandswertes gerecht zu werden, stellt der Gesetzgeber dem Unternehmer verschiedene Abschreibungsmethoden zur Verfügung.

Die gegenwärtig gebotenen Möglichkeiten steuerlich planmäßiger und außerplanmäßiger Abschreibungsmethoden für das abnutzbare bewegliche Anlagevermögen sind in der Tab. 8 im Anhang zusammengestellt[73].

b. Absetzung für Abnutzung

Diese am häufigsten verwandte Abschreibungsmethode lässt sich in

- das zeitabhängige und

- das leistungsabhängige Abschreibungsverfahren unterteilen.

---

die in der zweiten Jahreshälfte angeschafft oder hergestellt worden sind, war der halbe Jahresbetrag der Abschreibung zu berücksichtigten.

[71] Vgl. Drenseck W. in Schmidt L./ Drenseck W./Glanegger P./ Heinicke W./ Seeger S.F. und Wackeer R.: Absetzung für Abnutzung oder Substanzverringerung, im: Kommentar zum Einkommensteuerrecht zu § 7 EStG, 24. Aufl., München 2005, RZ 92

[72] Vgl. Gänger H.: Absetzungen für Abnutzungen, in: NWB, Heft 48 vom 23.11.1998, Fach 3c, S. 4811

[73] Vgl. Tab. 8 im Anhang XII.1: Übersicht über die steuerlich planmäßigen und außerplanmäßigen Abschreibungsmethoden für das abnutzbare bewegliche Anlagevermögen (und die erhöhte Abschreibung nach § 7h EStG und § 7i EStG bei Gebäuden)

Dabei zählen zu den steuerlich zulässigen zeitabhängigen Abschreibungsmethoden

- die lineare Abschreibung und
- die degressive Abschreibung.

a.a. Lineare Abschreibung

Die lineare Abschreibung nach § 7 Abs. 1 S. 1 EStG ist für alle abnutzbaren Wirtschaftsgüter zulässig[74]. Voraussetzung ist, dass ihre betriebsgewöhnliche Nutzungsdauer sich auf einen Zeitraum von mehr als einem Jahr erstreckt. Bei dieser Abschreibungsmethode werden die Anschaffungs- oder Herstellungskosten durch die Anzahl der voraussichtlichen Nutzungsjahre dividiert und die so berechneten jährlich gleich hohen Abschreibungsbeträge als Aufwand in der Gewinn- und Verlustrechnung des jeweiligen Jahres berücksichtigt.

$$\text{Abschreibungsbetrag} = \frac{\text{AfA-Bemessungsgrundlage}}{\text{Nutzungsdauer}}$$

Bei Anwendung dieser Methode ist bei beweglichen Anlagegütern daneben auch die AfaA nach § 7 Abs. 1 S. 7 EStG zulässig.

b.b. Degressive Abschreibung

Die degressive Abschreibung nach § 7 Abs. 2 S. 1 EStG ist nur für abnutzbare bewegliche Wirtschaftsgüter des Anlagevermögens zulässig[75]. Sie kann an Stelle der linearen Abschreibung in Anspruch genommen werden und zwar immer dann, wenn das Anlagegut in den ersten Jahren seiner Nutzung einer stärkeren Abnutzung unterliegt als in späteren Jahren[76]. Die Wahl der Abschreibungsmethode trifft der Unternehmer. Gem. § 7 Abs. 2 S. 2 EStG werden die jährlichen Abschreibungsbeträge durch Anwendung eines jährlich gleich

---

[74] Anm.: Für Gebäude gilt die Abschreibungsvorschrift des § 7 Abs. 4 EStG.

[75] Anm.: Für Gebäude gilt bei degressiver Abschreibung der § 7 Abs. 5 EStG.

[76] Vgl. Drenseck W. in Schmidt L./ Drenseck W./Glanegger P./ Heinicke W./ Seeger S.F. und Wackeer R.: Absetzung für Abnutzung oder Substanzverringerung, a.a.O., § 7, RZ 130

bleibenden Abschreibungssatzes auf die Bemessungsgrundlage im Erstjahr und den jeweiligen Restwert in den folgenden Jahren ermittelt. Dadurch sind die Absetzungsbeträge in den ersten Jahren am höchsten und verringern sich dann von Jahr zu Jahr. Dieser Abschreibungssatz, der sich nach der Nutzungsdauer des Wirtschaftsgutes bestimmt, darf gem. § 7 Abs. 2 S. 2 EStG für Anlagegüter, die nach dem 1.1.2001 angeschafft oder hergestellt worden sind „…höchstens das Doppelte des bei der Absetzung für Abnutzung in gleichen Jahresbeträgen in Betracht kommenden Hundertsatzes betragen…"[77][78][79] und 20% nicht übersteigen.

$$\text{Abschreibungssatz} = \frac{100}{\text{Nutzungsdauer}}$$

$$\text{Abschreibungsbetrag} = \frac{\text{AfA-Bemessungsgrundlage bzw. Restwert} * \text{Abschreibungssatz}}{100}$$

Schreibt der Unternehmer sein Wirtschaftsgut degressiv ab, kann er gem. § 7 Abs. 2 S. 4 EStG keine AfaA nach § 7 Abs. 1 S. 7

---

[77] § 7 Abs. 2 S. 2 EStG

[78] Anm.: Mit Datum vom 7.4.2006 hat der Bundesrat dem Gesetz zur steuerlichen Förderung von Wachstum und Beschäftigung abschließend zugestimmt. Darin wird das EStG wie folgt geändert: „In § 7 Abs. 2 wird nach Satz 2 folgender Satz eingefügt: „Abweichend von Satz 2 darf bei beweglichen Wirtschaftsgütern des Anlagevermögens, die nach dem 31.Dezember 2005 und vor dem 1. Januar 2008 angeschafft oder hergestellt worden sind, der anzuwendende Hundertsatz höchstens das Dreifache des bei der Absetzung für Abnutzung in gleichen Jahresbeträgen in Betracht kommenden Hundertsatzes betragen und 30 vom Hundert nicht übersteigen." Die Änderung tritt zum 1.1.2006 in Kraft. Vgl. www2.nwb.de/portal/content/ir/ service/news/news_359650.aspx vom 16.4.2006

[79] Anm.: Aufgrund der zeitlichen Beschränkung dieser Regelung werde ich in meiner Untersuchung weiterhin von der zum 31.12.2005 gültigen Fassung des § 7 Abs. 2 EStG ausgehen.

EStG in Anspruch nehmen. Er kann jedoch zur linearen Abschreibung übergehen, um sodann die AfaA geltend machen zu können[80].

c.c. Wechsel der Abschreibungsmethode

Nach § 7 Abs. 3 S. 1 EStG ist nur der Wechsel von der degressiven zur linearen Abschreibungsmethode bei beweglichen Wirtschaftsgütern des Anlagevermögens möglich. Somit scheidet ein Übergang von der linearen zur degressiven Abschreibung gem. § 7 Abs. 3 S. 3 EStG aus[81]. Reizvoll ist die Wahl der degressiven Abschreibung und dann der Wechsel zur linearen Abschreibungsmethode für Unternehmer, die einen möglichst niedrigen Gewinn ausweisen wollen[82]. Dadurch, dass die degressive Abschreibung zu Beginn des Abschreibungszeitraumes höher ist als die lineare Abschreibung, kann durch diese entsprechende höhere Gewinnminderung das steuerliche Ergebnis und die Steuerbelastung reduziert werden. Im Laufe des Abschreibungszeitraumes verringern sich allerdings die degressiven Abschreibungsbeträge, so dass der Wechsel, der zu dieser Zeit höher vorliegenden linearen Abschreibung vorteilhaft wäre. Nach dem Übergang bemisst sich die Absetzung für Abnutzung gem. § 7 Abs. 3 S. 2 EStG nach dem Restwert und der Restnutzungsdauer des Wirtschaftsgutes.

$$\text{Abschreibungsbetrag} = \frac{\text{Restwert}}{\text{Restnutzungsdauer}}$$

d.d. Leistungsabhängige Abschreibung

Die Leistungsabschreibung ist gem. § 7 Abs. 1 S. 6 EStG nur bei beweglichen Wirtschaftsgütern des Anlagevermögens, deren Abnutzung wirtschaftlich begründet ist, zulässig. Das sind regelmäßig Anlagegüter, deren Leistung erheblich schwankt und deren Ver-

---

80 Vgl. Gänger H.: Absetzungen für Abnutzungen, in: NWB, Heft 48 vom 23.11.1998, Fach 3c, S. 4814
81 Vgl. Drenseck W. in Schmidt L./ Drenseck W./Glanegger P./ Heinicke W./ Seeger S.F. und Wackeer R.: Absetzung für Abnutzung oder Substanzverringerung, a.a.O., § 7, RZ 140
82 Vgl. Keller M.: Absetzung für Abnutzung, a.a.O., S. 12, RZ 47

schleiß dementsprechend wesentliche Unterschiede aufweist[83]. Sie ist nur unter der Maßgabe zulässig, dass der Unternehmer den auf das einzelne Wirtschaftsgut entfallenden Umfang der Leistung bzw. die jährliche Beanspruchung glaubhaft nachweist.

An die Stelle der betriebsgewöhnlichen Nutzungsdauer des Anlagegutes tritt die betriebsgewöhnliche Gesamtleistung, die sich durch im Voraus zuschätzende Leistungseinheiten (Laufleistung eines Kfz in den einzelnen Jahren der Nutzungsdauer) oder Zeiteinheiten (Arbeitsstunden einer Maschine in den einzelnen Jahren der Nutzungsdauer) bemisst[84]. Der jährliche Abschreibungsbetrag verhält sich somit proportional zur Leistungsabgabe.

$$\text{Abschreibungsbetrag} = \frac{\text{AfA-Bemessungsgrundlage} * \text{Ist-Leistung des gesamten Jahres}}{\text{voraussichtliche Gesamtleistung}}$$

Ein Wechsel von der Leistungsabschreibung zur linearen Abschreibung ist nach § 7 Abs. 1 S. 1 und 2 EStG zulässig[85]. Darüber hinaus ist neben der Abschreibung nach Leistungseinheiten auch die Geltendmachung der AfaA möglich.

c.   Abschreibung von geringwertigen Wirtschaftsgütern

Nach § 6 Abs. 2 S. 1 EStG können im Jahr der Anschaffung oder Herstellung die Anschaffungs- oder Herstellungskosten eines abnutzbaren beweglichen Anlagegutes, das einer selbständigen Nutzung fähig ist, in voller Höhe als Betriebsausgabe abgesetzt werden, wenn diese 410 € nicht übersteigen[86].

---

[83] Vgl. R 7.4 Abs. 5 S. 2 zu § 7 EStR 2005
[84] Vgl. Drenseck W. in Schmidt L./ Drenseck W./Glanegger P./ Heinicke W./ Seeger S.F. und Wackeer R.: Absetzung für Abnutzung oder Substanzverringerung, a.a.O., § 7, RZ 121
[85] Vgl. Drenseck W. in Schmidt L./ Drenseck W./Glanegger P./ Heinicke W./ Seeger S.F. und Wackeer R.: Absetzung für Abnutzung oder Substanzverringerung, a.a.O., § 7, RZ 121
[86] Vgl. Falterbaum H./Bolk W./Reiß W. und Eberhart R.: Buchführung und Bilanz, a.a.O., S. 682 f.

d. Absetzung für Substanzverringerung

Die Absetzung für Substanzverringerung nach § 7 Abs. 6 S. 1 EStG wird für Rohstoffvorkommen, wie z.B. Kohle-, Lehm- oder Steinvorkommen, die einen Verbrauch der Substanz mit sich bringen, vorgenommen[87]. Diese werden als eigenständiges Wirtschaftsgut bei den Bergbauunternehmen oder anderen Abbaubetrieben aktiviert. Durch die AfS soll nicht der Wertverlust, der beim Abbau des Grundstückes entsteht, ausgeglichen werden[88]. Vielmehr wird der Aufwand für den Erwerb des Anlagegutes „Bodenschatz" auf den Zeitraum seiner Nutzung verteilt. Der Betriebsinhaber kann diese Abschreibungsmethode anstelle der linearen Abschreibung nach § 7 Abs. 1 EStG wählen[89]. Die Abschreibung wird nach der Maßgabe des Rohstoffabbaues vorgenommen und ist zu berücksichtigen sobald mit dem Abbau des erworbenen Bodenschatzes begonnen wird[90]. Die Höhe der Absetzung wird ermittelt, in dem zunächst die Gesamtabbaumenge geschätzt und mit der jeweiligen im Wirtschaftsjahr geförderten Menge des Bodenschatzes ins Verhältnis gesetzt wird.

$$\text{Abschreibungsbetrag} = \frac{\text{Beschaffungskosten} * \text{Jahresabbaumenge}}{\text{geschätzte Gesamtabbaumenge}}$$

Darüber hinaus kann neben der AfS eine AfaA nach § 7 Abs. 1 S. 7 EStG in Betracht kommen.

---

[87] Vgl. Drenseck W. in Schmidt L./ Drenseck W./Glanegger P./ Heinicke W./ Seeger S.F. und Wackeer R.: Absetzung für Abnutzung oder Substanzverringerung, a.a.O., § 7, RZ 173

[88] Vgl. BFH Urteil vom 14.2.1978, VIII R 176/73, BStBl II 1978, S. 343

[89] Vgl. Drenseck W. in Schmidt L./ Drenseck W./Glanegger P./ Heinicke W./ Seeger S.F. und Wackeer R.: Absetzung für Abnutzung oder Substanzverringerung, a.a.O., § 7, RZ 171

[90] Vgl. Drenseck W. in Schmidt L./ Drenseck W./Glanegger P./ Heinicke W./ Seeger S.F. und Wackeer R.: Absetzung für Abnutzung oder Substanzverringerung, a.a.O., § 7, RZ 180

e. Absetzung für außergewöhnliche technische oder wirtschaftliche Abnutzung

Die AfaA nach § 7 Abs. 1 S. 7 EStG ist neben der linearen Abschreibung für abnutzbare Wirtschaftsgüter des Anlagevermögens zulässig[91]. Sie setzt entweder eine Substanzeinbuße eines bereits fertig gestellten Wirtschaftsgutes (technische Abnutzung) oder eine Einschränkung seiner Nutzungsmöglichkeit (wirtschaftliche Abnutzung) voraus.

Eine Abschreibung wegen technischer Abnutzung ist für die Anlagegüter vorzunehmen, die nach Festlegung der ursprünglichen Nutzungsdauer einem nicht eingeplanten Verschleiß (Brand, Unfall, Naturkatastrophen oder Abbruch) und somit einer ungewöhnlichen, zeitlich nicht vorhersehbaren Abnutzung unterliegen[92].

Darüber hinaus können auch außergewöhnliche wirtschaftliche Umstände, wie die verminderte wirtschaftliche Verwendungsmöglichkeit, die verminderte Rentabilität eines Wirtschaftsgutes oder die Änderung des Konsumverhaltens dazu führen, dass die früher angenommene Nutzungsdauer nicht mehr erreicht wird. In diesem Fall ist für das wirtschaftlich überalterte Anlagegut eine AfaA nach § 7 Abs. 1 S. 7 EStG zulässig[93]. Bei einem späteren Wegfall der Gründe für diese Abschreibung besteht das Wertaufholungsgebot nach § 6 Abs. 1 Nr. 1 S. 4 EStG[94].

Die AfaA ergänzt die zunächst nach § 7 Abs. 1 S. 1 EStG vorzunehmende lineare Abschreibung. Für die darüber hinausgehende außerordentliche Wertminderung kann der Unternehmer die Absetzung nach § 7 Abs. 1 S. 7 EStG wählen. Er muss jedoch für deren Inanspruchnahme das schadenstiftende Ereignis und den daraus resultierenden außerordentlichen auftretenden Wertverlust glaub-

---

[91] Vgl. Keller M.: Absetzung für Abnutzung, a.a.O., S. 2, RZ 1

[92] Vgl. Falterbaum H./Bolk W./Reiß W. und Eberhart R.: Buchführung und Bilanz, a.a.O., S. 663

[93] Vgl. Drenseck W. in Schmidt L./ Drenseck W./Glanegger P./ Heinicke W./ Seeger S.F. und Wackeer R.: Absetzung für Abnutzung oder Substanzverringerung, a.a.O., § 7, RZ 123

[94] Vgl. Drenseck W. in Schmidt L./ Drenseck W./Glanegger P./ Heinicke W./ Seeger S.F. und Wackeer R.: Absetzung für Abnutzung oder Substanzverringerung, a.a.O., § 7, RZ 682

haft nachweisen[95]. Nur beim endgültigen Ausscheiden des Anlagegutes besteht die Pflicht zur Vornahme der AfaA[96].

f. Erhöhte Abschreibungen

Die erhöhten Abschreibungen sind steuerlich nur zulässig, wenn die besonderen Voraussetzungen der jeweiligen gesetzlichen Regelung entsprechend ihrem Förderungszweck erfüllt sind. Sie sind anstelle der nach § 7 EStG zu bemessenen Abschreibung möglich.

Der Zweck dieser Abschreibungen ist, den Unternehmen die Möglichkeit zu geben ihre steuerlichen Belastungen zu verringern, wenn sie in bestimmte Bereiche, die der Gesetzgeber besonders fördern will, investieren. Die meisten Regelungen über erhöhte Absetzungen sind zeitlich begrenzt, so z.b. die Absetzungsmöglichkeit   nach § 7d EStG[97] [98].

Zurzeit sind lediglich zwei Arten der erhöhten Abschreibung möglich

- die erhöhte Abschreibung nach § 7h EStG bei Gebäude in einem förmlich festgelegten Sanierungsgebiet oder städtebaulichen Entwicklungsbereich und

- die erhöhte Abschreibung nach § 7i EStG für Baumaßnahmen an einem Gebäude, welches ein inländisches Baudenkmal ist, wenn diese zur Erhaltung des Gebäudes als Baudenkmal dienen oder zu deren sinnvollen Nutzung erforderlich sind[99].

---

[95] Vgl. Keller M.: Absetzung für Abnutzung, a.a.O., S. 2, RZ 5

[96] Vgl. Drenseck W. in Schmidt L./ Drenseck W./Glanegger P./ Heinicke W./ Seeger S.F. und Wackeer R.: Absetzung für Abnutzung oder Substanzverringerung, a.a.O., § 7, RZ 128

[97] Anm.: Diese Regelung galt für Wirtschaftsgüter, die dem Umweltschutz dienen, wenn deren Anschaffung oder Herstellung vor dem 1.1.1991 erfolgte.

[98] Vgl. Hilke W.: Jahresabschluss nach Handels- und Steuerrecht, a.a.O., S. 183

[99] Vgl. Sander B.: Sonderabschreibungen, in: ABC der Betriebsprüfung, Hrsg. Günter Papperitz u.a., 4. erweiterte Aufl., Fach 6, Bonn, Berlin 2005, S. 13, RZ 53

g. Teilwertabschreibung

Teilwertabschreibung ist die Anpassung des Buchwertes eines Wirtschaftsgutes an den tatsächlich gesunkenen Wert[100]. Sie ist dann erforderlich, wenn die Ursache der Wertminderung allein im Wert begründet ist und nicht durch § 7 EStG berücksichtigt wird[101]. Gründe für eine Teilwertabschreibung können beispielsweise dauerhaft gesunkene Wiederbeschaffungskosten oder eine Fehlinvestition sein[102]. Eine Abschreibung auf den niedrigeren Teilwert ist bei abnutzbaren Wirtschaftsgütern des Anlagevermögens gem. § 6 Abs. 1 Nr. 1 S. 2 EStG nur zulässig, wenn es sich um eine voraussichtlich dauernde Wertminderung handelt. Nach einer Teilwertabschreibung ist die weitere Abschreibung von dem dann noch vorhandenen Buchwert vorzunehmen. Dies erfolgt bei der linearen Abschreibung durch Verteilung des Restwertes auf die verbleibende Nutzungsdauer. Bei der degressiven Abschreibung ist der bisherige Prozentsatz auf den Restbuchwert anzuwenden.

Liegen die Voraussetzungen für eine Teilwertabschreibung nicht mehr vor, erfolgt gem. § 6 Abs. 1 Nr. 1 S. 4 EStG eine steuerliche Zuschreibung bis zu den fortgeführten Anschaffungs- bzw. Herstellungskosten (Wertaufholungsgebot).

h. Sonderabschreibungen nach §§ 7a, f und g EStG

Unter Sonderabschreibungen sind Abschreibungen zu verstehen, die gem. § 7a Abs. 4 EStG neben der nach § 7 EStG zu bemessenen Absetzung für Abnutzung in Anspruch genommen werden können. Sie sind zulässig, wenn die Voraussetzungen der jeweiligen gesetzlichen Regelung entsprechend ihrem Förderzweck erfüllt sind. Der Unternehmer hat ein Wahlrecht, diese Vorschriften anzuwenden.

Viele frühere Sonderabschreibungsmöglichkeiten sind zwischenzeitlich nicht mehr anzuwenden, so z.B. die Sonderabschrei-

---

[100] Vgl. Hilke W.: Jahresabschluss nach Handels- und Steuerrecht, a.a.O., S. 175
[101] Vgl. Falterbaum H./Bolk W./Reiß W. und Eberhart R.: Buchführung und Bilanz, a.a.O., S. 665
[102] Vgl. Hilke W.: Jahresabschluss nach Handels- und Steuerrecht, a.a.O., S. 175

bung nach § 7f EStG[103] [104]. Aktuell sieht das Gesetz nur noch die Sonderabschreibung nach § 7g Abs. 1 und 2 EStG vor.

---

[103] Anm.: Gem. § 7f EStG konnten Betriebsinhaber privater Krankenhäuser für die Anschaffung oder Herstellung abnutzbarer Wirtschaftsgüter des Anlagevermögens vor dem 1.1.1996, insgesamt fünf Jahre, 30% bzw. 50% der Anschaffungs- oder Herstellungskosten als Sonderabschreibung geltend machen.

[104] Vgl. Federmann R.: Bilanzierung nach Handelsrecht und Steuerrecht, a.a.O., S. 379

C. Sonderabschreibungen gem. § 7g EStG

I. Vornahme von Sonderabschreibungen

1. Grundsatz

Nach § 7g Abs. 1 EStG können unter den in § 7g Abs. 2 EStG genannten Voraussetzungen, kleine und mittlere Unternehmen für neue bewegliche Wirtschaftsgüter des Anlagevermögens, innerhalb von fünf Jahren insgesamt 20% der Anschaffungs- oder Herstellungskosten als Sonderabschreibungen in Anspruch nehmen.

Dabei kann der Unternehmer innerhalb des fünfjährigen Begünstigungszeitraumes wählen, in welchem Jahr er wie viel der ihm zustehenden Sonderabschreibung geltend machen möchte. Er kann bereits im Jahr der Anschaffung oder Herstellung den vollen 20%-igen Abzugsbetrag in Anspruch nehmen, diesen auf bis zu fünf Jahren verteilen oder ganz auf ihn verzichten. Schließlich steht es dem Betriebsinhaber frei, diese Abschreibung vorzunehmen.

Neben der Sonderabschreibung ist die lineare Abschreibung nach § 7 Abs. 1 EStG oder die degressive Abschreibung gem. § 7 Abs. 2 EStG möglich. Während die lineare bzw. degressive Abschreibung im Jahr der Anschaffung oder Herstellung anteilig zu kürzen sind, gilt dies nicht für die Sonderabschreibung des § 7g EStG[105].

2. Lineare Abschreibung und Sonderabschreibung

Wird neben der Sonderabschreibung die lineare Abschreibung nach § 7 Abs. 1 EStG in Anspruch genommen und beträgt die betriebsgewöhnliche Nutzungsdauer des Anlagegutes nicht mehr als fünf Jahre, so verkürzt sich der Abschreibungszeitraum gegenüber der Nutzungsdauer des Wirtschaftsgutes.

Beträgt die betriebsgewöhnliche Nutzungsdauer mehr als fünf Jahre, tritt dieser Effekt nicht ein. Vielmehr bemisst sich gem. § 7a Abs. 9 S. 1 EStG die Abschreibung nach Ablauf des fünfjährigen Begünstigungszeitraumes nach dem Restwert und der Restnutzungsdauer. Grundsätzlich ist die Restnutzungsdauer bei Beginn

---

[105] Vgl. Rosarius L.: Sonderabschreibungen in: LSW, Hrsg. Haufe, Heft 3/2003, Gr. 4/287, München, S. 4

der Restwertabschreibung neu zu schätzen. Abweichend davon ist es auch zulässig, die um den Begünstigungszeitraum verminderte ursprüngliche Nutzungsdauer des Anlagegutes als Restnutzungsdauer fortzuführen[106].

Beispiel:

Die betriebsgewöhnliche Nutzungsdauer einer im Januar 2006 neu angeschafften Maschine mit Anschaffungskosten von 10.000 € beträgt im

1. Fall fünf Jahre und im

2. Fall zehn Jahre.

Die Sonderabschreibung soll im Jahr der Anschaffung in voller Höhe in Anspruch genommen werden.

Es ergibt sich folgender Abschreibungsverlauf:

1. Fall:		
1. Jahr:	Anschaffungskosten 2006	10.000 €
	lineare Abschreibung 1/5	- 2.000 €
	Sonderabschreibung, § 7g EStG	- 2.000 €
	Restwert 31.12.2006	6.000 €
2.-4. Jahr:	lineare Abschreibung 2*2.000 € und 1*1.999 €	- 5.999 €
	Erinnerungswert zum 31.12.2009	1 €

Tab. 3: Darstellung des Abschreibungsverlaufes bei Vornahme von linearer Abschreibung und Sonderabschreibung bei einem neuen beweglichen Anlagegut mit einer Nutzungsdauer von 5 Jahren
Quelle: Eigene Darstellung in Anlehnung an: Rosarius L.: Sonderabschreibungen, a.a.O., S. 4

---

[106] Vgl. R 7a. Abs. 10 S.2 zu § 7a EStR 2005

1. Jahr:	Anschaffungskosten 2006	10.000 €
	lineare Abschreibung 1/10	- 1.000 €
	Sonderabschreibung, § 7g EStG	- 2.000 €
	Restwert 31.12.2006	7.000 €
2.-5. Jahr:	lineare Abschreibung 4*1.000 €	- 4.000 €
	Restwert 31.12.2010	3.000 €

in 2010 Verteilung des Restwertes auf die Restnutzungsdauer von fünf Jahren

6.-9. Jahr:	lineare Abschreibung 1/5 von 3.000 €, 4*600 €	- 2.400 €
10. Jahr:	lineare Abschreibung 1*599 €	- 599 €
	Erinnerungswert zum 31.12.2015	1 €

Tab. 4: Darstellung des Abschreibungsverlaufes bei Vornahme von linearer Abschreibung und Sonderabschreibung bei einem neuen beweglichen Anlagegut mit einer Nutzungsdauer von 10 Jahren
Quelle: Eigene Darstellung in Anlehnung an: Rosarius L.: Sonderabschreibungen, a.a.O., S. 4

3. Degressive Abschreibung und Sonderabschreibung

Wird neben der Sonderabschreibung die degressive Abschreibung nach § 7 Abs. 2 EStG geltend gemacht, mindern beide Abschreibungen den jeweiligen Buchwert des Wirtschaftsgutes und damit auch die Bemessungsgrundlage für die degressive Abschreibung im Folgejahr[107].

Wechselt der Unternehmer von der degressiven zur linearen Abschreibung innerhalb oder nach Ablauf des Begünstigungszeitraumes, bestimmt sich die weitere Abschreibung nach § 7 Abs. 1 EStG nach dem Restwert und der Restnutzungsdauer.

---

[107] Vgl. Sander B.: Sonderabschreibungen, a.a.O., S. 10, RZ 44

Beispiel:

Für eine im Januar 2006 neu angeschaffte Maschine mit Anschaffungskosten von 100.000 € soll die degressive Abschreibung und die Sonderabschreibung im Jahr der Anschaffung in voller Höhe in Anspruch genommen werden.

Es ergibt sich folgender Abschreibungsverlauf:

2006:	Anschaffungskosten 2006	100.000 €
	degressive Abschreibung von 20% von 100.000 €	- 20.000 €
	Sonderabschreibung, § 7g EStG	- 20.000 €
	Restwert 31.12.2006	60.000 €
2007:	degressive Abschreibung von 20% von 60.000 €	- 12.000 €
	Restwert 31.12.2007	48.000 €
2008:	degressive Abschreibung von 20% von 48.000 €	- 9.600 €
	Restwert 31.12.2008	38.400 €
2009:	degressive Abschreibung von 20% von 38.400 €	- 7.680 €
	Restwert 31.12.2009	30.720 €
2010:	degressive Abschreibung von 20% von 30.720 €	- 6.144 €
	Restwert 31.12.2010	24.576 €
in 2010 Verteilung des Restwertes auf die Restnutzungsdauer von fünf Jahren		
ab 2011:	lineare Abschreibung 1/5 von 24.576 €, 4*4.915 €	- 19.660 €
2015:	lineare Abschreibung 1*4.915 €	- 4.915 €
	Erinnerungswert zum 31.12.2015	1 €

Tab. 5: Darstellung des Abschreibungsverlaufes bei Vornahme von degressiver Abschreibung und Sonderabschreibung bei einem neuen beweglichen Anlagegut mit einer Nutzungsdauer von 10 Jahren
Quelle: Eigene Darstellung in Anlehnung an: Rosarius L.: Sonderabschreibungen a.a.O., S. 4

4. Aufzeichnungspflichten

Gehört das Wirtschaftsgut, für das Sonderabschreibung in Anspruch genommen wird, zu einem Betriebsvermögen, ist dieses grundsätzlich gem. § 7a Abs. 8 S. 1 EStG in ein laufend zu führendes Verzeichnis aufzunehmen. Das Verzeichnis muss neben dem Tag der Anschaffung oder Herstellung, die Anschaffungs- oder Herstellungskosten, die betriebsgewöhnliche Nutzungsdauer, die Höhe der jährlichen Absetzungen für Abnutzung, die erhöhte Absetzung und die Sonderabschreibung enthalten. Dabei genügt es, wenn es erst im Zeitpunkt der Inanspruchnahme der Sonderabschreibung erstellt wird[108]. Es braucht nach § 7a Abs. 8 S. 2 EStG nicht geführt werden, wenn sich die Angaben bereits aus der Buchführung ergeben.

II. Begünstigte Betriebe

1. Kleine und mittlere Betriebe

Einzelunternehmen, Personengesellschaften und Betriebe von Kapitalgesellschaften können kleine und mittlere Betriebe i.S.d. § 7g EStG sein. Dabei kann es sich um gewerbliche, freiberufliche oder land- und forstwirtschaftliche Unternehmen handeln.

Da der Gesetzgeber nur Klein- und Mittelstandsbetriebe begünstigen möchte, musste er einen objektiven Maßstab finden, nach dem solche Unternehmen bestimmt werden. Die Entscheidung, ob ein Betrieb die Vergünstigungen nach § 7g EStG in Anspruch nehmen darf, orientiert sich dabei an der Art der Gewinnermittlung.

2. Gewinnermittlung durch Betriebsvermögensvergleich

a. Gewerbetreibende und Selbständige

Ermittelt der Gewerbetreibende oder Selbständige seinen Gewinn durch Betriebsvermögensvergleich i.S.d. § 4 Abs. 1, § 5 EStG i.V.m. § 6 EStG, darf das steuerliche Betriebsvermögen zum Schluss des der Anschaffung oder Herstellung des Wirtschaftsgutes vorangehenden Wirtschaftsjahres gem. § 7g Abs. 2 Nr. 1a EStG nicht mehr als 204.517 € betragen. Für die Ermittlung des Betriebsvermögens, welches das Eigenkapital der Steuerbilanz darstellt, ist die

---

[108] Vgl. BFH Urteil vom 9.8.1984, IV R 151/81, BStBl II 1985, S. 47

Ansparabschreibung als Passivposten der Bilanz mit zu berücksichtigen[109].

Für Wirtschaftgüter, die bereits vor oder im Jahr der Betriebseröffnung angeschafft oder hergestellt worden sind, gilt die Betriebsvermögensgrenze von 204.517 € als erfüllt[110]. Bei der unentgeltlichen Betriebsübertragung gelten als Größenmerkmal die des Betriebsübergebers.

b. Land- und Forstwirte

Betriebe der Land- und Forstwirtschaft sind nach § 7g Abs. 2 Nr. 1b EStG begünstigt, wenn deren maßgeblicher Einheitswert, der nach den Grundsätzen der §§ 33 ff. BewG ermittelt wird, 122.710 € nicht übersteigt. Für Unternehmen aus dem Beitrittsgebiet gilt gem. § 57 Abs. 3 EStG anstatt des Einheitswertes des land- und forstwirtschaftlichen Unternehmens der Ersatzwirtschaftswert nach § 125 BewG. Dieser ist „...gem. BMF-Schr. v. 13.2.1998-S 2183b (vgl. NWB EN-Nr. 438/98) bei der Anwendung des § 7g EStG nach den Eigentumsverhältnissen umzurechnen..."[111].

Da bei Unternehmensneugründungen und bei Wirtschaftsgütern, die erst im Laufe des Gründungsjahres angeschafft oder hergestellt werden, noch kein Einheitswert festgestellt worden ist, gelten diese Betriebe stets als begünstigt[112].

3. Gewinnermittlung durch Einnahme-Überschussrechnung

a. Gewerbetreibende und Selbständige

Ermittelt der Betriebsinhaber seinen Gewinn aus einer gewerblichen oder selbständigen Tätigkeit durch Einnahme-Überschussrechnung nach § 4 Abs. 3 EStG, hat der Gesetzgeber auf die Überprüfung des Größenmerkmales i.S.d. § 7g Abs. 2 Nr.1a EStG verzichtet. In diesen Fällen wird gem. § 7g Abs. 2 Nr. 1a letzter HS

---

[109] Vgl. OFD-Verfügung Rostock vom 17.9.2001, S 2138b-St 237

[110] Vgl. BMF Schreiben vom 1.2.2001, IV A 6-S 2139 b-12/00, BStBl I 2001, S. 170

[111] Fella G.: Sonder- und Ansparabschreibungen zur Förderung kleiner und mittlerer Betriebe, in: NWB, Heft 19 vom 6.5.2002, Fach 3, S. 11953

[112] Vgl. Fella G.: Sonder- und Ansparabschreibungen zur Förderung kleiner und mittlerer Betriebe, a.a.O., S. 11953

EStG unterstellt, dass die Grenze von 204.517 € nicht überschritten wird[113].

b. Land- und Forstwirte

Davon unberührt bleiben die gesondert in § 7g Abs. 2 Nr. 1b EStG genannten Einkünfte aus Land- und Forstwirtschaft. Hier darf der Einheitswert des Betriebes, zu dessen Anlagevermögen das Wirtschaftsgut gehört, zum Zeitpunkt seiner Anschaffung oder Herstellung 122.710 € nicht übersteigen.

4. Betriebe von Personengesellschaften

Bei Betrieben von Personengesellschaften ist bei Investitionen im Bereich des Gesellschaftsvermögens der Gesellschaft für die Prüfung des Größenmerkmales neben dem Gesamthandsvermögen auch das Sonderbetriebsvermögen der Mitunternehmer mit einzubeziehen[114]. Das Gleiche gilt auch für die im Sonderbetriebsvermögen der Gesellschafter angeschafften oder hergestellten Wirtschaftsgüter[115].

5. Mehrheit von Betrieben

§ 7g EStG gilt nur für den einzelnen Betrieb und nicht für eine Person. Ist ein Unternehmer im Besitz mehrerer kleiner und mittlerer Betriebe muss für jeden einzelnen Betrieb gesondert geprüft werden, ob die Anspruchsvoraussetzungen erfüllt sind. Es ist nicht zulässig die Größenmerkmale eines Unternehmers zusammenzurechnen[116]. Gleiches gilt auch beim Vorliegen einer Organschaft. Die Voraussetzungen müssen jeweils beim Organträger und der Organgesellschaft gesondert geprüft werden[117]. Auch im Falle der Be-

---

[113] Vgl. BMF Schreiben vom 25.2.2004, IV A 6-S 2183 b-1/04, BStBl I 2004, S. 337, RZ 38

[114] Vgl. Fella G.: Sonder- und Ansparabschreibungen zur Förderung kleiner und mittlerer Betriebe, a.a.O., S. 11954

[115] Vgl. Fella G.: Sonder- und Ansparabschreibungen zur Förderung kleiner und mittlerer Betriebe, a.a.O., S. 11954

[116] Vgl. R 7g. Abs. 4 S. 1 zu § 7g EStR 2005

[117] Vgl. R 7g. Abs. 4 S. 4 zu § 7g EStR 2005

triebsaufspaltung sind das Betriebs- und Betriebsunternehmen jeweils getrennt zu beurteilen[118].

III. Begünstigte Wirtschaftsgüter

1. Gesetzliche Regelung

Begünstigt nach § 7g Abs. 1 S. 1 EStG ist die Anschaffung oder Herstellung neuer beweglicher und abnutzbarer Wirtschaftsgüter des Anlagevermögens.

2. Tatbestandsmerkmale im Einzelnen

a. Anlagegüter

Wie bereits eingangs erwähnt, gehören zu den Anlagegütern eines Unternehmens alle Wirtschaftsgüter, die dazu bestimmt sind, dem Betrieb auf Dauer zu dienen[119]. Wirtschaftsgüter, die zum Verbrauch oder zur Veräußerung bestimmt sind, zählen zum Umlaufvermögen und sind somit nicht nach § 7g EStG begünstigt.

b. Neue Wirtschaftsgüter

Zu der Frage, ob ein Wirtschaftsgut neu ist, hat sich umfangreiche Kasuistik entwickelt.

Als neu wird ein Wirtschaftsgut bezeichnet, wenn es in ungebrauchtem Zustand erworben wird und somit einer fabrikneuen Sache entspricht[120]. Dafür ist es notwendig, dass der Veräußerer das Anlagegut im neuen Zustand zum Zwecke des Verkaufes angeschafft oder hergestellt und bis zur Veräußerung nicht genutzt hat[121].

---

[118] Vgl. BMF Schreiben vom 25.2.2004, IV A 6-S 2183 b-1/04, BStBl I 2004, S. 337, RZ 13
[119] Vgl. Falterbaum H./Bolk W./Reiß W. und Eberhart R.: Buchführung und Bilanz, a.a.O., S. 650
[120] Vgl. R 7g. Abs. 6 S. 1 zu § 7g EStR 2005
[121] Vgl. R 7g. Abs. 6 S. 5 zu § 7g EStR 2005

Nicht als neu gilt ein Investitionsgut, welches beim Veräußerer zum Anlagevermögen gehörte und für das er bereits Abschreibungen geltend gemacht hat[122].

Wird das Wirtschaftsgut vor seinem Verkauf zu Vorführzwecken genutzt, ist es nicht als neu anzusehen[123]. Dagegen ist die Erprobung der Funktionsfähigkeit durch den Hersteller unschädlich, wenn sie nicht über das notwendige Maß hinausgeht[124]. Weiterhin unschädlich ist die vorherige Zulassung eines Kfz auf den Veräußerer (sog. Tageszulassung), wenn er dieses nicht als Vorführwagen nutzt[125].

Hat der Unternehmer ein Wirtschaftsgut zunächst gemietet und kauft es dann vom Vermieter, ist es im Zeitpunkt des Kaufes kein neues Anlagegut, wenn auf den zu leistenden Kaufpreis die bisher gezahlte Miete angerechnet wird[126]. Das Wirtschaftsgut gilt allerdings als neu, wenn dem Käufer das Investitionsgut zur vorherigen Erprobung überlassen wurde und er dieses nach erfolgreicher Prüfung kauft[127].

Ferner gilt ein Wirtschaftsgut beim Erwerber auch dann als neu, wenn es beim Veräußerer zwar technisch als veraltet gilt oder er dieses lange Zeit lagerte, es jedoch gleichwohl nicht nutzte.

Ein bewegliches Wirtschaftsgut, welches der Betriebsinhaber selber herstellt, gilt als neu, wenn er bei der Herstellung keine gebrauchten Wirtschaftsgüter verwendet hat. Hat der Unternehmer allerdings bei der Erzeugung gebrauchte Sachen verwendet, gilt das hergestellte Anlagegut nur dann als neu, wenn der Anteil der gebrauchten Wirtschaftsgüter nicht mehr als 10% des Teilwertes des erstellten Vermögensgegenstandes beträgt[128]. Hingegen ist ein Anlagegut immer dann als neu anzusehen, wenn eine neue Idee realisiert wird und ein neues anderweitiges Wirtschaftsgut, welches dem Betrieb dient, entsteht[129].

---

[122] Vgl. BFH Urteil vom 11.12.1970, VI R 262/68, BStBl II 1971, S. 198
[123] Vgl. BFH Urteil vom 13.3.1979, III R 71/78, BStBl II 1979, S. 287
[124] Vgl. R 7g. Abs. 6 S. 7 zu § 7g EStR 2005
[125] Vgl. R 7g. Abs. 6 S. 8 zu § 7g EStR 2005
[126] Vgl. BFH Urteil vom 24.5.1968, VI R 176/66, BStBl II 1968, S. 571
[127] Vgl. BFH Urteil vom 16.1.1986, III R 116/83, BStBl II 1986, S. 467
[128] Vgl. BFH Urteil vom 6.12.1991, III R 108/90, BStBl II 1992, S. 452
[129] Vgl. BFH Urteil vom 12.6.1975, VIII R 38/73, BStBl II 1976, S. 96

c. Bewegliche abnutzbare Wirtschaftsgüter

Beweglich sind Wirtschaftsgüter, wenn es sich um körperliche Gegenstände handelt[130]. Dazu gehören Sachen gem. § 90 BGB, Tiere nach § 90a BGB und Scheinbestandteile gem. § 95 BGB[131]. Dies sind neben Maschinen, Werkzeugen, Einrichtungsgegenständen, auch Betriebsvorrichtungen. Immaterielle Wirtschaftsgüter, wie der Geschäfts- oder Praxiswert, sind nach § 7g EStG nicht begünstigt. Das Gleiche gilt für Gebäude und Gebäudeteile[132]. Sie sind unbewegliche Wirtschaftsgüter.

IV. Verbleibensvoraussetzungen

1. Verbleibensfrist nach § 7g Abs. 2 Nr. 2a EStG

Eine weitere Voraussetzung für die Inanspruchnahme der Sonderabschreibung ist gem. § 7g Abs. 2 Nr. 2 a EStG, dass das Anlagegut nach seiner Anschaffung oder Herstellung

- mindestens ein Jahr
- in einer inländischen Betriebsstätte des Betriebes verbleiben muss.

Jahr i.S.d. § 7g Abs. 2 Nr. 2a EStG ist ein Zeitraum von 12 Monaten nach Anschaffung oder Herstellung des Wirtschaftsgutes, d.h. dass ein am 1.11.2001 angeschaffter Pkw im Betrieb A mindestens bis zum 31.10.2002 in diesem Betrieb eingesetzt werden muss[133].

Darüber hinaus muss das Wirtschaftsgut in einer inländischen Betriebsstätte des Unternehmers verbleiben, was eine dauerhafte räumliche Beziehung zum Betrieb im Inland voraussetzt. Der Betriebsinhaber muss die tatsächliche Einflussmöglichkeit auf das Investitionsgut behalten[134]. Das ist z.B. auch bei Transportmitteln

---

[130] Vgl. Handzik P. in Littmann E./ Bitz H. und Pust H.: Sonderabschreibung und Ansparrücklage, a.a.O., § 7g, RZ 39

[131] Vgl. Falterbaum H./Bolk W./Reiß W. und Eberhart R.: Buchführung und Bilanz, a.a.O., S. 666

[132] Vgl. Handzik P. in Littmann E./ Bitz H. und Pust H.: Sonderabschreibung und Ansparrücklage, a.a.O., § 7g, RZ 42

[133] Vgl. Fella G.: Sonder- und Ansparabschreibungen zur Förderung kleiner und mittlerer Betriebe, a.a.O., S. 11956

[134] Vgl. BFH Urteil vom 23.5.1986, III R 66/85, BStBl II 1986, S. 916

und Baugeräten, die außerhalb des Betriebsgeländes eingesetzt werden, der Fall[135].

Schädlich für den Verbleib im Inland ist grundsätzlich, wenn das Wirtschaftsgut auch nur kurzfristig (mehr als ein Monat) im Ausland eingesetzt wird[136]. Abweichendes gilt lediglich bei Transportmitteln und Baugeräten[137].

Nach Ablauf des einjährigen Verbleibenszeitraumes kann die Sonderabschreibung auch dann in Anspruch genommen werden, wenn die Verbleibensvoraussetzung des § 7g Abs. 2 Nr. 2a EStG nicht mehr erfüllt ist[138].

a. Veräußerung

Wird das begünstigte Wirtschaftsgut vor Ablauf des Zeitraumes von einem Jahr veräußert, dazu zählt auch das sog. Sale-leaseback-Verfahren oder die Einbringung des Anlagegutes in eine Personen- oder Kapitalgesellschaft gegen die Gewährung von Gesellschaftsrechten, ist die Verbleibensvoraussetzung nicht erfüllt. Die Sonderabschreibung ist hier zu versagen.

Von einer schädlichen Veräußerung ist auch in den Fällen der Betriebsumstellung auszugehen. Dies gilt selbst dann, wenn die Betriebsumstellung auf einen Brand im Betrieb zurückzuführen ist[139].

Unschädlich hingegen ist der Verkauf des Wirtschaftsgutes im Rahmen der gesamten Betriebsveräußerung, wenn der Käufer den Betrieb bis zum Ablauf der Einjahresfrist weiterführt[140].

---

135 Vgl. H 7g. Abs. 2-9 Stichwort „Verbleibensvoraussetzung" zu § 7g EStH 2005

136 Vgl. BMF Schreiben vom 28.6.2001, IV A 5-InvZ 1271-21/01, BStBl I 2001, S. 379, RZ 50

137 Anm.: Zu Einzelheiten verweise ich auf das Kapitel C. IV. „Verbleibensvoraussetzungen" Nr. 1.e.b.b.

138 Vgl. Fella G.: Sonder- und Ansparabschreibungen zur Förderung kleiner und mittlerer Betriebe, a.a.O., S. 11954

139 Vgl. BFH Urteil vom 2.5.1980, III R 12/79, BStBl II 1980, S. 758

140 Vgl. R 7g. Abs. 7 S. 4 zu § 7g EStR 2005

b. Vermietung/ Nutzungsüberlassung

Wird das Anlagegut innerhalb eines Jahres nach der Investition im Rahmen der Einzelvermietung zur Nutzung überlassen, ist die Verbleibensvoraussetzung nach § 7g Abs. 2 Nr. 2a EStG grundsätzlich nicht erfüllt[141]. Ausnahmsweise ist eine Vermietung unschädlich, wenn der Besitzunternehmer das Wirtschaftsgut als wesentliche Betriebsgrundlage an das von ihm beherrschte Betriebsunternehmen vermietet[142].

Wird das Investitionsgut im Rahmen der Betriebsverpachtung zur Nutzung überlassen und führt der Mieter oder Pächter den Betrieb bis zum Ablauf des Verbleibenszeitraumes fort, kann er bei Vorliegen der übrigen Voraussetzungen die Sonderabschreibung in Anspruch nehmen[143]. Dies gilt selbst für Anlagegüter, die er nach Beginn der Gesamtbetriebsverpachtung für den Verpachtungsbetrieb noch angeschafft hat[144].

Bei einer kurzfristigen Vermietung (nicht länger als drei Monate), wie es beispielsweise bei der Vermietung eines Mietwagens der Fall sein kann, verbleibt das Wirtschaftsgut in der Betriebsstätte des Unternehmers[145].

Erfolgt die Nutzungsüberlassung hingegen innerhalb eines Dienstverhältnisses mit einem Dritten, z.B. im Rahmen eines Arbeits- oder Dienstvertrages, ist die Inanspruchnahme der Sonderabschreibung auch ohne zeitliche Begrenzung möglich[146].

c. Überführung in eine andere Betriebsstätte/ Betrieb/ Umlaufvermögen/ Entnahme/Betriebsstilllegung

Hat der Betrieb mehrere inländische Betriebsstätten so ist der Wechsel von der einen zur anderen Betriebsstätte unschädlich. Wird das Wirtschaftsgut aber in eine ausländische Betriebsstätte überführt, darf keine Sonderabschreibung geltend gemacht werden. Unzulässig ist es, das begünstigte Anlagegut von einem Betrieb in den anderen Betrieb des Unternehmers in das Privatvermögen oder

---

[141] Vgl. R 7g. Abs. 7 S. 2 zu § 7g EStR 2005
[142] Vgl. BFH Urteil vom 26.3.1993, III S 42/92, BStBl II 1993, S 723
[143] Vgl. R 7g. Abs. 7 S. 4 zu § 7g EStR 2005
[144] Vgl. FG München vom 17.11.1998, X R 4/99, EFG 1999, S. 220
[145] Vgl. R 7g. Abs. 7 S. 3 zu § 7g EStR 2005
[146] Vgl. BFH Urteil vom 23.5.1986, III R 144/85, BStBl II 1986, S. 919

in das Umlaufvermögen im Laufe des Erstjahres zu überführen[147]. Eine Sonderabschreibung darf auch dann nicht in Anspruch genommen werden, wenn der Betrieb im einjährigen Verbleibenszeitraum stillgelegt wird[148].

d. Sonstiges Ausscheiden

Unschädlich für die Begünstigung nach § 7g EStG ist das Ausscheiden des Investitionsgutes innerhalb der Einjahresfrist, wenn dies auf einem nicht vom Willen des Unternehmers abhängigen Ereignis beruht (z.b. Brand, Diebstahl oder Unfall mit Totalschaden)[149].

Ferner ist die Verbleibensvoraussetzung des § 7g Abs. 2 Nr. 2a EStG erfüllt, wenn das Anlagegut wegen Mangelhaftigkeit umgetauscht werden musste[150] oder wenn das Investitionsgut wegen vorzeitiger technischer Abnutzung oder wirtschaftlichen Verbrauch aus dem Unternehmen ausscheidet und auch für Dritte keinen oder einen nur sehr geringen Wert (höchstens 10% der Anschaffungs- oder Herstellungskosten) hat [151] [152].

e. Verbleibensvoraussetzungen in besonderen Fällen

a.a. Rechtsnachfolgefälle

Für die Errechnung des Einjahreszeitraumes werden in den Fällen der Gesamtrechtsnachfolge (z.B. Erbfall) und auch bei der unentgeltlichen Übertragung eines Betriebes, Teilbetriebes oder Mitunternehmeranteiles nach § 6 Abs. 3 EStG, die Zeiträume der Zugehörigkeit zum Betrieb vom Rechtsvorgänger und dem Rechtsnachfolger zusammengerechnet[153].

Die Einbringung eines Betriebes, Teilbetriebes oder Mitunternehmeranteiles zu Buchwerten in eine Kapitalgesellschaft gem. § 20

---

[147] Vgl. R 7g. Abs. 7 S. 2 zu § 7g EStR 2005
[148] Vgl. BFH Urteil vom 7.9.2000, III R 44/96, BStBl II 2001, S. 37
[149] Vgl. BFH Urteil vom 9.3.1967, IV R 149/66, BStBl II 1967, S. 238
[150] Vgl. BFH Urteil vom 8.3.1968, VI R 29/67, BStBl II 1968, S. 430
[151] Vgl. BFH Urteil vom 15.10.1976, III R 139/74, BStBl II 1977, S. 59
[152] Vgl. BFH Urteil vom 9.12.1999, III R 49/97, BStBl II 2000, S. 434
[153] Vgl. R 7g. Abs. 7 S. 4 zu § 7g EStR 2005

UmwStG[154] oder in eine Personengesellschaft nach § 24 UmwStG[155] ist unschädlich, wenn der begünstigte Betrieb

bis zum Ende des Verbleibenszeitraumes in die Hand des neuen Eigentümers als selbständiges Unternehmen bestehen bleibt[156]. Auch ist die Einbringung eines Betriebes, Teilbetriebes oder Mitunternehmeranteiles zu Teilwerten in eine Kapitalgesellschaft oder Personengesellschaft eine Veräußerung, bei der die Verbleibensfrist erfüllt ist, wenn der Erwerber den Betrieb weiterführt.

Bei der Übertragung von Wirtschaftsgütern zu Buchwerten im Rahmen einer Betriebsaufspaltung wird für die Prüfung der Einjahresfrist die Zeit der Betriebszugehörigkeit des Anlagegutes bei dem Besitz- und Betriebsunternehmen zusammenaddiert[157].

b.b. Transportmittel und Baugeräte

Werden Transportmittel, wie beispielsweise an Arbeitnehmer überlassene Kraftfahrzeuge, Fahrzeuganhänger oder Baugeräte, die ihrer Art nach nicht dazu bestimmt und geeignet sind, durch den Unternehmer im räumlich abgegrenzten Bereich seiner Betriebsstätte eingesetzt zu werden, verwendet, ist dieser Einsatz im gesamten Inland unschädlich. Die einjährige Verbleibensvoraussetzung ist erfüllt[158]. Transportmittel gelten auch dann als im Inland eingesetzt, wenn sie im Jahr der Verbleibensfrist nicht länger als 182 Tage im Ausland genutzt werden[159] [160].

Bei Baugeräten schadet ein kurzfristiges Entfernen aus dem Inland nicht, wenn das Gerät im einjährigen Verbleibenszeitraum,

---

154 Vgl. BFH Urteil vom 10.4.1984, VIII R 218/79, BStBl II 1984, S. 734
155 Vgl. BFH Urteil vom 10.4.1984, VIII R 218/79, BStBl II 1984, RZ 26, 27, 37 ff.
156 Vgl. R 7g. Abs. 7 S. 4 zu § 7g EStR 2005
157 Vgl. BMF Schreiben vom 18.11.1985, IV B 1-S 2211-35/85, BStBl I 1985, S. 683, RZ 35 ff.
158 Vgl. H 7g. Abs. 2-9 Stichwort „Verbleibensvoraussetzung" zu § 7g EStH 2005
159 Anm.: Die Auslegung der Verbleibensvoraussetzung der RZ 51-53 des BMF Schreiben vom 28.6.2001, IV A 5-InvZ 1271-21/01, BStBl I 2001, S. 379 gilt mit der Maßgabe, dass an die Stelle des Fördergebietes das Inland tritt.
160 Vgl. BMF Schreiben vom 28.6.2001, IV A 5-InvZ 1271-21/01, BStBl I 2001, S. 379, RZ 51

verschiedene Einsätze zusammengerechnet, nicht länger als fünf Monate durch den Unternehmer im Ausland verwendet wird[161].

2. Ausschließlich oder fast ausschließlich betriebliche Nutzung nach § 7g Abs. 2 Nr. 2b EStG

Eine weitere Voraussetzung für die Begünstigung des § 7g EStG ist gem. § 7g Abs. 2 Nr. 2b EStG die ausschließlich oder fast ausschließlich betriebliche Nutzung des grundsätzlich begünstigten Wirtschaftsgutes im Jahr der Inanspruchnahme der Sonderabschreibung.

Jahr i.S.d. Vorschrift ist das Kalender- bzw. Wirtschaftsjahr oder das Jahr der Anschaffung bzw. Herstellung[162]. Entfällt die ausschließliche oder fast ausschließliche betriebliche Nutzung im Unternehmen in einem oder mehreren Jahren des fünfjährigen Begünstigungszeitraumes, ist die Sonderabschreibung nur in diesem Jahr ausgeschlossen[163]. Eine Nutzungsänderung lässt daher eine im Vorjahr mögliche Sonderabschreibung unberührt.

Eine fast ausschließliche oder ausschließliche betriebliche Nutzung liegt vor, wenn der private Nutzungsanteil nicht mehr als 10% beträgt[164]. Der Nachweis der Nutzung kann z.B. durch Aufzeichnung des betrieblichen und privaten Einsatzes des Wirtschaftsgutes erbracht werden. Bei Verwendung eines Kfz wäre dies durch Führen eines Fahrtenbuches, bei Maschinen und Geräten durch Aufzeichnung der Betriebsstunden, möglich[165]. Hierbei sind die jeweili-

---

[161] Vgl. BMF Schreiben vom 28.6.2001, IV A 5-InvZ 1271-21/01, BStBl I 2001, S. 379, RZ 52

[162] Vgl. Meyer B. in Herrmann C./ Heuer G. und Raupach A.: Sonderabschreibungen und Ansparabschreibungen zur Förderung kleiner und mittlerer Betriebe, im: Kommentar zum Einkommensteuerrecht zu § 7g EStG, Loseblattsammlung, Köln 2005, RZ 65

[163] Vgl. Meyer B. in Herrmann C./ Heuer G. und Raupach A.: Sonderabschreibungen und Ansparabschreibungen zur Förderung kleiner und mittlerer Betriebe, a.a.O., § 7g, RZ 65

[164] Vgl. BFH Urteil vom 6.4.1990, III R 2/87, BStBl II 1990, S. 752

[165] Vgl. Meyer B. in Herrmann C./ Heuer G. und Raupach A.: Sonderabschreibungen und Ansparabschreibungen zur Förderung kleiner und mittlerer Betriebe, a.a.O., § 7g, RZ 66

gen Jahre, für die die Sonderabschreibung geltend gemacht werden soll, für sich zu betrachten[166].

V. Vorherige Rücklagenbildung nach § 7g Abs. 2 Nr. 3 EStG

Gem. § 7g Abs. 2 Nr. 3 EStG können für Investitionsgüter, die nach dem 31.12.2000 angeschafft oder hergestellt worden sind, Sonderabschreibungen nach § 7g Abs. 1 EStG nur noch in Anspruch genommen werden, wenn zuvor eine Ansparabschreibung nach § 7g Abs. 3-6 EStG gebildet worden ist[167][168].

---

[166] Vgl. Fella G.: Sonder- und Ansparabschreibungen zur Förderung kleiner und mittlerer Betriebe, a.a.O., S. 11956

[167] Anm.: Die Änderung ergibt sich aus dem StEntlG 1999/2000/2002 vom 24.3.1999, BGBl I 1999, S. 402.

[168] Anm.: In meiner Untersuchung werde ich die Begriffe Ansparabschreibung, Ansparrücklage und Rücklage synonym verwenden.

D. Ansparrücklage gem. § 7g EStG

I. Gesetzliche Regelung

§ 7g Abs. 3-6 EStG ermöglicht kleinen und mittleren Betrieben die Bildung einer gewinnmindernden Rücklage für die Anschaffung oder Herstellung neuer beweglicher abnutzbarer Anlagegüter, § 7g Abs. 3 S. 1 EStG. Sie darf gem. § 7g Abs. 3 S. 2 EStG 40 % der Anschaffungs- oder Herstellungskosten des begünstigten Wirtschaftsgutes nicht überschreiten, das der Unternehmer voraussichtlicht bis zum Ende des zweiten auf die Bildung der Rücklage folgenden Wirtschaftsjahres anschaffen oder herstellen wird.

II. Voraussetzungen der Rücklagenbildung

1. Allgemeines

Eine Ansparrücklage darf nach § 7g Abs. 3 S. 3 Nr. 1-4 EStG nur gebildet werden, wenn die folgenden vier Voraussetzungen erfüllt sind.

1. Der Unternehmer muss seinen Gewinn nach § 4 Abs. 1 oder § 5 EStG ermitteln.

2. Der Betrieb darf am Schluss des Wirtschaftsjahres, das dem Jahr der Rücklagenbildung vorangeht, die Wertgrenzen des § 7g Abs. 2 EStG nicht überschreiten.

3. Darüber hinaus müssen die Bildung und die Auflösung der Ansparabschreibung in der Buchführung verfolgt werden können.

4. Abschließend darf der Unternehmer keine Rücklage nach § 3 Abs. 1 und 2a ZRFG ausweisen.

2. Gewinnermittlung durch Betriebsvermögensvergleich

Möchte der Unternehmer eine Ansparrücklage bilden, muss er seinen Gewinn durch Betriebsvermögensvergleich nach § 4 Abs. 1 EStG ermitteln[169]. Abweichend von der Gewinnermittlung nach § 4

---

[169] Vgl. Hegemann J. und Querbach T.: Sonderabschreibungen und Ansparabschreibungen gem. § 7g EStG zur Förderung kleiner und mittlerer Betriebe, in: BKK Heft 22 vom 21.11.2003, Fach 14, S. 4564

Abs. 1 EStG können auch Betriebsinhaber, die ihr Jahresergebnis durch Einnahme-Überschussrechnung aufzeigen durch Erweiterung der Vorschrift des § 7g Abs. 6 EStG Ansparabschreibungen in Anspruch nehmen. Hintergrund dieser gesetzlichen Regelung war der Wille des Gesetzgebers Betriebsinhaber, die ihren Gewinn nach § 4 Abs. 3 EStG ermitteln, mit bilanzierenden Unternehmen gleichzustellen[170].

Lediglich bei Land- und Fortwirten, die ihren Gewinn nach Durchschnittssätzen i.S.d. § 13a EStG ermitteln, sind die Begünstigungen des § 7g EStG nicht möglich[171]. Ermittelt er seinen Gewinn allerdings nach § 4 Abs. 1 EStG oder § 4 Abs. 3 EStG, kann auch er die Ansparabschreibung in Anspruch nehmen.

Sofern die Finanzverwaltung den Gewinn gem. § 162 AO schätzt, kann § 7g EStG nicht geltend gemacht werden[172].

3. Erfüllung der Betriebsgrößenklasse

a. Allgemeine Grundsätze

Gem. § 7g Abs. 3 S. 3 Nr. 2 EStG gelten die in § 7g Abs. 2 Nr. 1a und b EStG genannten Größenmerkmale für die Bildung einer Ansparabschreibung entsprechend[173] [174].

b. Rücklage im Jahr der Betriebsgründung

Da es bei einer Unternehmensneugründung im ersten Jahr an einem Betriebsvermögen zum Schluss des vorangehenden Wirtschaftsjahres fehlt, gilt das Betriebsgrößenmerkmal in diesem Fall stets als erfüllt[175]. Eine Ansparrücklage kann somit bereits für das Wirtschaftsjahr der Betriebseröffnung gebildet werden.

---

[170] Vgl. Moritz J.: Ansparabschreibung, in: LSW, Hrsg. Haufe, Heft 4/2004, Gr. 4/19, München, S. 8

[171] Vgl. Fella G.: Sonder- und Ansparabschreibungen zur Förderung kleiner und mittlerer Betriebe, a.a.O., S. 11954

[172] Vgl. Fella G.: Sonder- und Ansparabschreibungen zur Förderung kleiner und mittlerer Betriebe, a.a.O., S. 11954

[173] Vgl. BMF Schreiben vom 25.2.2004, IV A 6-S 2183 b-1/04, BStBl I 2004, S. 337, RZ 4

[174] Anm.: Zu Einzelheiten verweise ich auf das Kapitel C. II. „Begünstigte Betriebe" Nr.1-5.

[175] Vgl. BMF Schreiben vom 1.2.2001, IVA 6-S 2139 b-12/00, BStBl I 2001, S. 170

Von der Eröffnung eines Betriebes i.S.d. § 6 Abs. 6 EStG ist auszugehen, wenn mit unternehmerischen Tätigkeiten begonnen wird, welche objektiv erkennbar auf die Vorbereitung dieser gerichtet sind. Sie ist abgeschlossen, sobald alle wesentlichen Grundlagen zur Führung des Betriebes gelegt sind[176] [177].

Eine geplante wesentliche Erweiterung eines bereits bestehenden Unternehmens ist der Betriebseröffnung gleichzusetzen[178] [179]. Dazu zählen z.b. die Eröffnung eines neuen Geschäftszweiges, die Errichtung einer neuen Betriebsstätte, die wesentliche Erweiterung der Produktionsstätte oder des Sortiments[180]. Die Feststellung des Größenmerkmales dieses Betriebes bezieht sich hierbei auf das gesamte Unternehmen (d.h. der bereits bestehende Betrieb zuzüglich der Erweiterung).

c. Rücklage vor Eröffnung des Betriebes

Sowohl Rechtssprechung als auch Finanzverwaltung lassen aus Billigkeitsgründen die Inanspruchnahme der Ansparabschreibung bereits für Investitionen vor Abschluss der Betriebsbegründung zu, „…**wenn** die Investitionsentscheidungen hinsichtlich der wesentlichen Betriebsgrundlagen am Ende des Jahres, für das die Rücklage gebildet wird, ausreichend konkretisiert sind."[181]

Der nach außen hin erkennbare Beginn der betrieblichen Tätigkeit genügt bei Vorliegen der übrigen Voraussetzungen für die Bildung einer Rücklage zum Ende des Wirtschaftsjahres der Betriebsgründung aus, wenn keine erforderlichen Betriebsgrundlagen notwendig sind[182]. Das bedeutet, dass für die Anschaffung wesentlicher Betriebsgrundlagen, die Ansparabschreibung nur geltend gemacht werden kann, wenn diese bis zum Ende des Jahres der Rücklagen-

---

[176] Vgl. BFH Urteil vom 9.2.1983, I R 29/79, BStBl II 1983, S. 451

[177] Vgl. BFH Urteil vom 10.7.1991, VIII R 126/86, BStBl II 1991, S. 840

[178] Vgl. BFH Urteil vom 19.2.2002, III R 14/02, BStBl II 2004, S. 570

[179] Vgl. BMF Schreiben vom 25.2.2004, IV A 6-S 2183 b-1/04, BStBl I 2004, S. 337, RZ 17

[180] Hegemann J. und Querbach T.: Aktuelle Rechtssprechung zur Ansparabschreibung nach § 7g Abs. 3 EStG, in: BKK, Heft 21 vom 4.11.2005, Fach 13, S. 4796

[181] BMF Schreiben vom 25.2.2004, IV A 6-S 2183 b-1/04, BStBl I 2004, S. 337, RZ 18

[182] Vgl. BMF Schreiben vom 25.2.2004, IV A 6- S 2183 b-1/04, BStBl I 2004, S. 337, RZ 18

bildung verbindlich bestellt worden sind[183]. Bei der Herstellung eines Wirtschaftsgutes muss eine Genehmigung verbindlich beantragt oder mit den Bauarbeiten bereits tatsächlich begonnen worden sein[184].

Das Größenmerkmal des § 7g Abs. 2 EStG gilt für den Veranlagungszeitraum vor Abschluss der Betriebseröffnung als erfüllt[185]. Durfte die Rücklage gebildet werden, unterbleibt aber die Betriebseröffnung, dann ist die Ansparabschreibung zum Schluss des Veranlagungszeitraumes, in dem erstmals feststeht, dass es zu keiner Betriebsgründung kommen wird, gewinnerhöhend aufzulösen.

4. Verfolgbarkeit in der Buchführung

a. Allgemeines

§ 7g Abs. 3 S. 3 Nr. 3 EStG fordert, dass die Bildung und die Auflösung der Ansparabschreibung in der Buchführung verfolgt werden kann. Dazu muss für die Anschaffung oder Herstellung eines jeden einzelnen Investitionsgutes eine eigene Rücklage kontenmäßig getrennt gebucht und erläutert werden[186]. Die Bildung und Einbuchung einer mehrere Ansparabschreibungen umfassenden „Sammelrücklage" ist somit nicht zulässig. Dagegen ist „…eine Zusammenfassung der getrennt gebuchten Einzelrücklagen in einem Sammelkonto zulässig."[187]

Darüber hinaus macht das BMF in seinem Schreiben vom 25.2.2004[188] deutlich, dass die erforderliche Dokumentation der Ansparabschreibung zeitnah im Zusammenhang mit ihrer Bildung vorzunehmen ist. Die buchmäßige Erfassung der Ansparrücklage in der Bilanz und die dazugehörigen erläuternden Jahresabschlussauf-

---

[183] Vgl. BFH Urteil vom 25.4.2002, IV R 30/00, BStBl II 2004, S. 182

[184] Vgl. Fella G.: Sonder- und Ansparabschreibungen zur Förderung kleiner und mittlerer Betriebe, a.a.O., S. 11960

[185] Vgl. BFH Urteil vom 21.7.1999, I R 57/98, BStBl II 2001, S. 127

[186] Vgl. BMF Schreiben vom 25.2.2004, IV A 6-S 2183 b-1/04, BStBl I 2004, S. 337, RZ 15

[187] BMF Schreiben vom 25.2.2004, IV A 6-S 2183 b-1/04, BStBl I 2004, S. 337, RZ 15

[188] Vgl. BMF Schreiben vom 25.2.2004, IV A 6-S 2183 b-1/04, BStBl I 2004, S. 337, RZ 16

zeichnungen, sind als Einheit zu sehen und sind daher im zeitlichen Zusammenhang zu dokumentieren[189].

Muss die Finanzverwaltung die Besteuerungsgrundlagen schätzen, ist die Voraussetzung des Buchführungsnachweises nicht erfüllt. Eine bestehende Rücklage ist mit Gewinnzuschlag aufzulösen[190].

b. Besonderheit bei der Gewinnermittlung durch Einnahme-Überschussrechnung

Da der Unternehmer bei der Gewinnermittlung durch Einnahme-Überschussrechnung gem. § 4 Abs. 3 EStG nicht verpflichtet ist, Einnahmen und Ausgaben aufzuzeichnen, ist eine buchmäßig verfolgbare Willensbildung, betreffend seiner investitionsbezogenen Angaben, notwendig[191]. Die erforderlichen Informationen über die Geltendmachung der Ansparabschreibung, sind in der dem Finanzamt einzureichenden Einnahme-Überschussrechnung gem. § 7g Abs. 6 i.V.m. § 7g Abs. 3 S. 3 Nr. 3 EStG aufzuzeigen[192]. Da bislang keine genauen Anforderungen an die Dokumentationspflicht für die Sonder- bzw. Ansparabschreibung dem Gesetz zu entnehmen sind, wurde durch die Veröffentlichung des BMF Schreibens vom 10.2.2005[193] unter anderem eine Verbesserung der Aufzeichnungspflichten für diese Vergünstigungen erreicht. Das BMF Schreiben enthält neben dem amtlich vorgeschriebenen Vordruck für die Gewinnermittlung nach § 4 Abs. 3 EStG, die dazugehörige Anleitung zum Ausfüllen des Vordruckes sowie ein Verzeichnis für Anlagegüter bzw. das Berechnungsschema zur Ermittlung der nichtabziehbaren Schuldzinsen nach § 4 Abs. 4a EStG[194] [195].

---

[189] Vgl. Pitzke J.: Ansparabschreibungen nach § 7g Abs. 3-8 EStG, in: NWB Heft 12 vom 15.3.2004, Fach 3, S. 12773

[190] Vgl. BMF Schreiben vom 25.2.2004, IV A 6-S 2183 b-1/04, BStBl I 2004, S. 337, RZ 31

[191] Vgl. Moritz J.: Ansparabschreibung, a.a.O., S. 9

[192] Vgl. BMF Schreiben vom 25.2.2004, IV A 6-S 2183 b-1/04, BStBl I 2004, S. 337, RZ 37

[193] Vgl. BMF Schreiben vom 24.1.2005, IV A 7-S 1451-10/05, BStBl I 2005, S. 320

[194] Vgl. Anlage 1 im Anhang XII.5: Amtlicher Vordruck für die Gewinnermittlung nach Einnahme-Überschussrechnung

[195] Vgl. Anlage 2 im Anhang XII.6: Amtlicher Vordruck für das Verzeichnis der Anlagegüter für die Gewinnermittlung nach Einnahme-Überschussrechnung

Gem. § 51 Abs. 1 Nr. 1a EStG i.V.m. § 60 Abs. 4 und § 84 Abs. 3c EStDV ist der Unternehmer nunmehr verpflichtet, seine Gewinnermittlung auf diesem amtlichen Vordruck zu erstellen. Er ist für Wirtschaftsjahre, die nach dem 31.12.2004 beginnen, anzuwenden und der Steuererklärung beizufügen[196].

In dem Vordruck sind unter anderem die in Anspruch genommenen Sonderabschreibungen nach § 7g Abs. 1 und 2 EStG (Zeile 22 des Vordruckes) einzutragen. Darüber hinaus sind Angaben zu § 7g Abs. 3-6 EStG bzw. § 7g Abs. 7 und 8 EStG, wie z.b. die Summe der aufgelösten und gebildeten Ansparrücklagen, vorzunehmen (Zeile 11, 52 sowie 60-63 des Vordruckes)[197].

Unternehmer, deren jährliche Betriebseinnahmen für den Betrieb die Grenze von 17.500 € nicht übersteigen, sind zur Verwendung des Formulars nicht verpflichtet. Für sie genügt weiterhin eine formlose Gewinnermittlung[198].

c. **Investitionsabsicht**

Die Finanzverwaltung verlangte bislang vom Unternehmer, dass er seine Investitionsabsicht glaubhaft macht. Hierzu musste weder ein Investitionsplan vorgelegt noch eine konkrete Bestellung eines bestimmten Wirtschaftsgutes aufgezeigt werden. Es reichte aus, wenn der Unternehmer das Anlagegut seiner Funktion nach benannte[199], den beabsichtigten Investitionszeitpunkt und die Höhe der voraussichtlichen Anschaffungs- oder Herstellungskosten angab[200].

Nach aktueller Rechtssprechung hat der Betriebsinhaber einen Anspruch auf Anerkennung einer Ansparrücklage, wenn er die Investitionsabsicht zwar nicht glaubhaft macht, ansonsten aber die Voraussetzungen des § 7g Abs. 3 EStG erfüllt. Dies entschied der

---

[196] Vgl. Kai O.: Gewinnermittlung nach § 4 Abs. 3 EStG durch amtlich vorgeschriebenen Vordruck, in: NWB, Heft 23 vom 6.6.2006, Fach 17, S. 2057

[197] Vgl. Moritz J.: Ansparabschreibung, a.a.O., S. 9

[198] Vgl. Kai O.: Gewinnermittlung nach § 4 Abs. 3 EStG durch amtlich vorgeschriebenen Vordruck, a.a.O., S. 2058

[199] Vgl. BMF Schreiben vom 12.12.1996, IV B 2-S 2138-37/96, BStBl I 1996, S. 1441, RZ 3

[200] Vgl. Fella G.: Sonder- und Ansparabschreibungen zur Förderung kleiner und mittlerer Betriebe, a.a.O., S. 11960

BFH in seinem Urteil vom 12.12.2001[201] und stellte zur Begründung allein auf den Gesetzeswortlaut ab, der weder das Vorliegen einer Investitionsabsicht noch deren Glaubhaftmachung als Voraussetzung für die Bildung einer Rücklage fordert.

Anders als die Finanzverwaltung konnte der BFH aus dem Wort „voraussichtlich" in § 7g Abs. 3 S. 2 EStG nicht ableiten, dass eine Investitionsabsicht vorliegen muss. Er „…sieht insoweit den Gewinnzuschlag von 6% p.a. nach § 7g Abs. 5 EStG…"[202] und die Tarifbelastung im Wirtschaftsjahr der Rücklagenauflösung „…als auszureichendes Abwehrmittel an, um steuerlichen Mitnahmeeffekten…"[203] zu begegnen. Allerdings verlangt der BFH, wie das BMF die Angaben über das Wirtschaftsgut hinsichtlich seiner Funktion, seiner voraussichtlichen Anschaffungs- bzw. Herstellungskosten und den beabsichtigten Investitionszeitpunkt, schon wegen der „Konkretisierung des Investitionsvorhabens".

d. **Konkretisierung des Investitionsvorhabens nach Rechtssprechung und Finanzverwaltung**

a.a. **Rücklagenbildung in der ersten Gewinnermittlung**

Der BFH leitet das Erfordernis der Konkretisierung des Investitionsvorhabens aus dem Begriff „voraussichtlich" in § 7g Abs. 3 S. 2 EStG ab[204]. Danach kann eine Rücklage nur gebildet werden, wenn das begünstigte Wirtschaftsgut voraussichtlich angeschafft oder hergestellt wird. Der Unternehmer muss eine aus Sicht des jeweiligen Gewinnermittlungszeitraumes zutreffende Prognose über die voraussichtliche Investition machen. Dazu ist es erforderlich das anzuschaffende oder herzustellende Wirtschaftsgut seiner Funktion nach zu benennen und die voraussichtlichen Anschaffungs- bzw. Herstellungskosten anzugeben, damit die Finanzverwaltung die ordnungsgemäße Rücklagenbildung und -auflösung überprüfen

201 Vgl. BFH Urteil vom 12.12.2001, XI R 13/00, BStBl II 2002, S. 385
202 Rädtke B.: Investitionsabsicht, Finanzierungszusammenhang und Konkretisierung der Ansparrücklage nach § 7g EStG, in: StuB, Heft 13/2003, S. 601
203 Rädtke B.: Investitionsabsicht, Finanzierungszusammenhang und Konkretisierung der Ansparrücklage nach § 7g EStG, a.a.O., S. 601
204 Vgl. BFH Urteil vom 12.12.2001, XI R 13/00, BStBl II 2002, S. 385

kann[205]. So muss im Investitionsjahr eindeutig festzustellen sein, ob eine vorgenommene Investition derjenigen entspricht, für deren Finanzierung die Ansparrücklage gebildet wurde. Eine hinreichende Konkretisierung des Investitionsvorhabens ist nach Auffassung des BFH selbst dann unerlässlich, wenn nach der Bildung der Rücklage eine Investition unterbleibt[206].

Hier ergibt sich ein Spannungsverhältnis hinsichtlich der genauen Funktionsbezeichnung des Investitionsgutes durch den Unternehmer und der einwandfreien Überprüfung des später tatsächlich angeschafften bzw. hergestellten Wirtschaftsgutes mit der Ansparrücklage zugrunde gelegten Investitionsobjektes, durch die Finanzverwaltung. Einerseits kann vom Unternehmer nicht erwartet werden, dass er sich in seinen Angaben zu sehr festlegt, andererseits muss dem Finanzamt die Überprüfung der Einhaltung der Voraussetzungen von § 7g Abs. 3 S. 2 EStG ermöglicht werden[207]. Dieses Problem erkannte das BMF und ließ daher für eine konkretisierte Funktionsbezeichnung Sammelbegriffe, wie Maschinen, Büroausstattung, Computeranlage oder Ladeneinrichtung nicht zu[208].

Ferner verlangt die Finanzverwaltung, das Wirtschaftsjahr der voraussichtlichen Investition zu benennen[209]. Die Vorlage eines Investitionsplanes oder der Nachweis einer festen Bestellung eines bestimmten Anlagegutes ist jedoch nur für die Rücklagenbildung in Jahren vor der Betriebseröffnung erforderlich[210].

Weiterhin muss die Investition zum Zeitpunkt der Inanspruchnahme der Ansparabschreibung durchführbar sein[211]. So ist z.B. die

---

[205] Vgl. BMF Schreiben vom 25.2.2004, IV A 6-S 2183 b-1/04, BStBl I 2004, S. 337, RZ 8

[206] Vgl. BFH Urteil vom 6.3.2003, IV R 23/01, BStBl II 2004, S. 187

[207] Vgl. Heidreich V. und Rosseburg J.: Die Ansparabschreibung als Instrument der Steuerbilanzpolitik im Lichte neuerer Rechtsprechung, a.a.O., S. 636

[208] Vgl. FG Hamburg vom 24.10.00, II 357/00, ohne Angabe

[209] Vgl. BMF Schreiben vom 25.2.2004, IV A 6-S 2183 b-1/04, BStBl I 2004, S. 337, RZ 8

[210] Vgl. BMF Schreiben vom 25.2.2004, IV A 6-S 2183 b-1/04, BStBl I 2004, S. 337, RZ 8

[211] Vgl. BMF Schreiben vom 25.2.2004, IV A 6-S 2183 b-1/04, BStBl I 2004, S. 337, RZ 7

Bildung einer Ansparrücklage zu versagen, wenn die künftige Investition der gegenwärtigen Betriebsstruktur entgegensteht[212].

b.b. Nachträgliche Rücklagenbildung

Bildet der Unternehmer eine Ansparrücklage, nachdem er bereits seine Gewinnermittlung beim Finanzamt eingereicht hat, z.B. im Rahmen des Einspruchsverfahrens oder sonstigen Änderungsanträgen, stellt die Finanzverwaltung erhöhte Anforderungen an die Konkretisierung der geplanten Investition[213]. In diesem Fall hat der Unternehmer glaubhaft darzulegen, aus welchen Gründen die Ansparabschreibung trotz voraussichtlicher Investitionsabsicht nicht bereits in der ursprünglichen Gewinnermittlung in Anspruch genommen worden ist. Dabei reicht die Aussage, die Rücklagenbildung sei versehentlich unterblieben, für die nachträgliche Inanspruchnahme nicht aus[214]. Ferner muss der Unternehmer anhand geeigneter Unterlagen oder Erläuterungen, wie z.B. angeforderte Prospekte, glaubhaft machen, dass im Wirtschaftsjahr der Rücklagenbildung eine voraussichtliche Investitionsabsicht bestanden hat[215]. Die Beweislast dafür trägt der Unternehmer.

Unzulässig ist es, eine Ansparrücklage zu bilden, zu einem Zeitpunkt, in dem die maßgebende Investitionsfrist bereits abgelaufen ist, der Betrieb zum Zeitpunkt der Rücklagenbildung bereits veräußert oder aufgegeben und tatsächlich keine Investition getätigt wurde[216]. In allen Fällen fehlt es an der Investitionsabsicht, die Ansparrücklage darf hier nicht gebildet werden um Steuern zu sparen, sondern muss dazu dienen die beabsichtigte Investition vorzufinanzieren[217].

---

[212] Vgl. Rädtke B.: Investitionsabsicht, Finanzierungszusammenhang und Konkretisierung der Ansparrücklage nach § 7g EStG, a.a.O., S. 602

[213] Vgl. BMF Schreiben vom 25.2.2004, IV A 6-S 2183 b-1/04, BStBl I 2004, S. 337, RZ 9

[214] Vgl. BMF Schreiben vom 25.2.2004, IV A 6-S 2183 b-1/04, BStBl I 2004, S. 337, RZ 9

[215] Vgl. BMF Schreiben vom 25.2.2004, IV A 6-S 2183 b-1/04, BStBl I 2004, S. 337, RZ 9

[216] Vgl. BMF Schreiben vom 25.2.2004, IV A 6-S 2183 b-1/04, BStBl I 2004, S. 337, RZ 10

[217] Vgl. FG Niedersachsen vom 16.1.2002, 2 K 249/01, ohne Angabe

e. Finanzierungszusammenhang

In seinem Urteil vom 14.8.2001 fordert der BFH[218], dass ein sog. Finanzierungszusammenhang zwischen der Bildung der Ansparrücklage und der Investition bestehen muss. Damit die Rücklage den vom Gesetzgeber gewollten Zweck der Finanzierungserleichterung erfüllen kann, verlangt er, dass die Ansparabschreibung zeitnah zur Investition in Anspruch genommen wird[219]. Diese Voraussetzung ist immer dann erfüllt, wenn die Rücklage in der Steuererklärung beizufügenden Bilanz gebildet wird oder wenn nach der erstmaligen Steuerfestsetzung innerhalb der Einspruchsfrist nach § 355 AO, die Ansparrücklage geltend gemacht oder geändert wird[220].

Ist die Investition zum Zeitpunkt der nachträglichen Rücklagenbildung oder -erhöhung bereits durchgeführt, ist es grundsätzlich nicht möglich dafür eine Ansparabschreibung in Anspruch zu nehmen. Diese dient dann häufig nur der Vermeidung oder Verminderung von Steuernachzahlungen. Ein Finanzierungszusammenhang besteht hier nicht[221] [222].

Etwas anderes soll dann gelten, wenn der Unternehmer den Finanzierungszusammenhang nachweisen oder glaubhaft machen kann. Dieser Nachweis fällt in der Praxis oftmals negativ aus, da hierfür die erhöhten Anforderungen an die Konkretisierung der Investitionsabsicht für die tatsächlich schon getätigte Anschaffung schwer zu erfüllen ist.

Als problematisch erweisen sich also die Fälle, in denen der Unternehmer seine Bilanz deutlich verspätet aufstellt oder die Rückla-

---

[218] Vgl. BFH Urteil vom 14.8.2001, XI R 18/01, BFH/NV 2002, S. 181

[219] Vgl. BFH Urteil vom 14.8.2001, XI R 18/01, BFH/NV 2002, S. 181

[220] Vgl. BMF Schreiben vom 25.2.2004, IV A 6-S 2183 b-1/04, BStBl I 2004, S. 337, RZ 11

[221] Vgl. BMF Schreiben vom 25.2.2004, IV A 6-S 2183 b-1/04, BStBl I 2004, S. 337, RZ 12

[222] Anm.: Eine andere Auffassung vertritt der BFH in seinem Urteil vom 14.8.2001, XI R 18/01, BFH/NV 2002, S. 181. Danach kann eine Ansparrücklage geltend gemacht werden, wenn die Bilanz für das Jahr der Ansparabschreibung erst nach der getätigten Investition aufgestellt wird. Ungeachtet dieser Meinung wendet die Finanzverwaltung das BMF Schreiben vom 25.2.2004, IV A 6-S 2183 b-1/04, BStBl I 2004, S. 337 an.

ge erst im Rahmen einer späteren Außenprüfung nachholen will, um die dort festgestellten Steuerbeträge auszugleichen.

5. Verbot der Mehrfachbegünstigung

Nach § 7g Abs. 3 S. 3 Nr. 4 EStG darf der Unternehmer in seiner Gewinnermittlung, in der er bereits eine Rücklage nach § 3 Abs. 1 und Abs. 2a ZRFG ausgewiesen hat, keine Ansparrücklage bilden.

III. Bildung der Rücklage

1. Gewinnmindernde Rücklage im Jahr vor Anschaffung oder Herstellung

Die Ansparabschreibung muss gem. § 7g Abs. 3 S. 1 EStG den für die Besteuerung maßgebenden Gewinn im Jahr der Bildung mindern und ist demzufolge nicht im Jahr der Anschaffung oder Herstellung des Investitionsgutes zu berücksichtigen[223].

2. Höhe der Rücklage

Ab dem Veranlagungszeitraum 2001 darf die Rücklage nach § 7g Abs. 3 S. 2 EStG 40% der voraussichtlichen Anschaffungs- oder Herstellungskosten nicht übersteigen und am Bilanzstichtag gem. § 7g Abs. 3 S. 5 EStG nicht mehr als 154.000 € je Betrieb des Unternehmers betragen. Damit ist ein zukünftiges Investitionsvolumen von 383.468 € begünstigt[224]. Der Unternehmer muss nicht die jeweils höchstmögliche Ansparabschreibung in Anspruch nehmen. Er kann auch eine niedrigere, von z.B. nur 20% der voraussichtlichen Anschaffungs- oder Herstellungskosten bilden. Es besteht auch die Möglichkeit, ganz auf sie zu verzichten oder sie beliebig auf den Ansparzeitraum zu verteilen. So ist es zulässig, für eine bereits im Erstjahr gebildete Ansparrücklage eine Erhöhung im Folgejahr, aufgrund des Anstieges der zukünftigen Anschaffungskosten, vorzunehmen. Weiterhin kann die Rücklage bis auf den Höchstbetrag

---

[223] Vgl. BMF Schreiben vom 25.2.2004, IV A 6-S 2183 b-1/04, BStBl I 2004, S. 337, RZ 6

[224] Vgl. Drenseck W. in Schmidt L./ Drenseck W./Glanegger P./ Heinicke W./ Seeger S.F. und Wackeer R.: Sonderabschreibungen und Ansparabschreibungen, im: Kommentar zum Einkommensteuerrecht zu § 7g EStG, 24. Aufl., München 2005, RZ 23

nachträglich erhöht werden, wenn aufgrund einer Betriebsprüfung gewinnerhöhende Tatsachen so kompensiert werden sollen. Sind am Bilanzstichtag jedoch die Ansparrücklagen von insgesamt 154.000 € voll ausgeschöpft, können neue Ansparabschreibungen nur geltend gemacht werden, wenn zuvor in Anspruch genommene Rücklagen aufgelöst werden.

Die Bildung einer Ansparrücklage ist nach § 7g Abs. 3 S. 4 EStG auch möglich, wenn sich dadurch ein Verlust neu bildet oder ein bereits bestehender Verlust erhöht.

IV. Auflösung der Rücklage

1. Allgemeines

Bei der Auflösung von in vorangegangenen Wirtschaftsjahren gebildeten Ansparabschreibungen, ist zwischen einer Auflösung nach

- § 7g Abs. 4 S. 1 EStG und
- § 7g Abs. 4 S. 2 EStG zu unterscheiden.

Diese Unterteilung ist im Hinblick auf den Gewinnzuschlag nach § 7g Abs. 5 EStG notwendig.

2. Auflösung nach § 7g Abs. 4 S. 1 EStG

Nach § 7g Abs. 4 S. 1 EStG ist die Ansparabschreibung in Höhe von 40% der Anschaffungs- oder Herstellungskosten zwingend gewinnerhöhend aufzulösen, wenn für das begünstigte Wirtschaftsgut Abschreibungen vorgenommen werden dürfen. Dabei ist es unerheblich, welche Absetzungen oder Sonderabschreibungen tatsächlich in Anspruch genommen werden[225].

3. Auflösung nach § 7g Abs. 4 S. 2 EStG

a. Verzicht auf die Investition

Kommt es bis zum Ende des zweiten auf die Rücklagenbildung folgenden Wirtschaftsjahres zu keiner Neuanschaffung, muss die

---

[225] Vgl. BMF Schreiben vom 25.2.2004, IV A 6-S 2183 b-1/04, BStBl I 2004, S. 337, RZ 24

Ansparrücklage zu diesem Zeitpunkt zwingend gewinnerhöhend aufgelöst werden[226].

Darüber hinaus ist die Rücklage mit Zinszuschlag aufzulösen, wenn die beabsichtigte Investition und die später tatsächlich durchgeführte Investition nicht gleichartig sind[227] [228]. „Es ist nicht zulässig, die für eine bestimmte künftige Investition gebildete Rücklage ganz oder teilweise für eine Investition anderer Art zu verwenden."[229] Das der Bildung der Ansparrücklage zu Grunde gelegte und das nachher erworbene Wirtschaftsgut müssen nach Auffassung der Finanzverwaltung wenigstens funktionsgleich sein[230]. Funktionsgleichheit ist noch anzunehmen, wenn anstelle eines Pkw der Marke A ein Pkw der Marke B, nicht hingegen, wenn anstelle eines Pkw ein Lkw, erworben wird[231].

Ferner kann der Unternehmer die Rücklage oder Teilrücklage vom Ende des ersten Jahres nach der Bildung an, auch freiwillig gewinnerhöhend auflösen, wenn er innerhalb des Investitionszeitraumes seine Investitionsabsicht aufgibt[232].

b. Überhöhte Rücklage

Hat der Unternehmer die Ansparabschreibung in voller Höhe vorgenommen und sind die später tatsächlichen Anschaffungs- oder Herstellungskosten geringer, ist die Rücklage nach § 7g Abs. 4 S.1 EStG in Höhe von 40% der Anschaffungs- bzw. Herstellungskosten gewinnerhöhend aufzulösen. Der verbleibende Restbetrag ist spätestens nach Ablauf der zweijährigen Investitionsfrist zwingend

---

[226] Vgl. BMF Schreiben vom 25.2.2004, IV A 6-S 2183 b-1/04, BStBl I 2004, S. 337, RZ 29

[227] Vgl. BMF Schreiben vom 25.2.2004, IV A 6-S 2183 b-1/04, BStBl I 2004, S. 337, RZ 26

[228] Vgl. Drenseck W. in Schmidt L./ Drenseck W./Glanegger P./ Heinicke W./ Seeger S.F. und Wackeer R.: Sonderabschreibungen und Ansparabschreibungen, a.a.O., § 7g, RZ 24

[229] BMF Schreiben vom 25.2.2004, IV A 6-S 2183 b-1/04, BStBl I 2004, S. 337, RZ 27

[230] Vgl. Fella G.: Sonder- und Ansparabschreibungen zur Förderung kleiner und mittlerer Betriebe, a.a.O., S. 11960

[231] Vgl. BMF Schreiben vom 25.2.2004, IV A 6-S 2183 b-1/04, BStBl I 2004, S. 337, RZ 27

[232] Vgl. Moritz J.: Ansparabschreibung, a.a.O., S. 8

nach § 7g Abs. 4 S. 2 EStG aufzulösen[233]. Eine Übertragung der verbleibenden Restrücklage auf ein anderes Investitionsvorhaben ist nicht möglich, da die Ansparabschreibung an das jeweilige einzelne Investitionsgut gebunden ist. Anderes gilt, wenn innerhalb des Investitionszeitraumes noch nachträgliche Anschaffungs- oder Herstellungskosten für das begünstigte Wirtschaftsgut anfallen. Die verbleibende nicht aufgelöste Restrücklage ist gem. § 7g Abs. 4 S. 1 EStG in Höhe von 40% der nachträglichen Aufwendungen aufzulösen[234].

c. Betriebsveräußerung/ Betriebsaufgabe

Wird der Betrieb aufgegeben oder veräußert, bevor eine begünstigte Investition getätigt worden ist, muss die Ansparrücklage im Zeitpunkt der Aufgabe oder Veräußerung gewinnerhöhend aufgelöst werden. In diesem Fall besteht keine Investitionsabsicht mehr[235]. Der Auflösungsbetrag und der Gewinnzuschlag zählen gem. § 34 Abs. 2 Nr. 1 EStG nicht zum begünstigten Aufgabe- bzw. Veräußerungsgewinn [236] [237].

d. Schätzung von Besteuerungsgrundlagen

Schätzt das Finanzamt die Besteuerungsgrundlagen, muss eine im vorangegangenen Veranlagungszeitraum gebildete Ansparabschreibung mangels buchmäßiger Verfolgung gewinnerhöhend aufgelöst werden[238].

---

[233] Vgl. BMF Schreiben vom 25.2.2004, IV A 6-S 2183 b-1/04, BStBl I 2004, S. 337, RZ 25

[234] Vgl. BMF Schreiben vom 25.2.2004, IV A 6-S 2183 b-1/04, BStBl I 2004, S. 337, RZ 25

[235] Vgl. BMF Schreiben vom 25.2.2004, IV A 6-S 2183 b-1/04, BStBl I 2004, S. 337, RZ 30

[236] Vgl. BMF Schreiben vom 25.2.2004, IV A 6-S 2183 b-1/04, BStBl I 2004, S. 337, RZ 30

[237] Anm.: Diese Neuregelung ist erstmals für Wirtschafsjahre, die nach dem 31.12.2003 beginnen, anzuwenden, vgl. dazu das BMF Schreiben vom 25.2.2004, IV A 6-S 2183 b-1/04, BStBl I 2004, S. 337, RZ 65.

[238] Vgl. BMF Schreiben vom 25.2.2004, IV A 6-S 2183 b-1/04, BStBl I 2004, S. 337, RZ 31

e. Wechsel der Gewinnermittlungsart

Auch bei einem Wechsel zu einer Gewinnermittlungsart, bei der die Rücklagenbildung nach § 7g Abs. 3 S. 3 Nr. 3 EStG nicht zulässig ist, das ist z.B. bei § 5a EStG oder § 13a Abs. 3 bis 5 EStG der Fall, ist diese im ersten Wirtschaftsjahr nach dem Übergang gewinnerhöhend aufzulösen[239].

V. Gewinnzuschlag

1. Grundsätze

Ein Gewinnzuschlag ist nach § 7g Abs. 5 EStG bei Auflösung der Ansparrücklage vorzunehmen, wenn diese nicht auf § 7g Abs. 4 S. 1 EStG beruht[240]. Damit entsteht der Gewinnzuschlag in Fällen

- der freiwilligen Rücklagenauflösung und

- der Auflösung eines Teilbetrages bei der überhöhten Ansparabschreibung.

Weiterhin ist ein Gewinnzuschlag vorzunehmen

- bei fehlender Investition nach Ablauf der Investitionsfrist nach § 7g Abs. 4 S. 2 EStG,

- bei anderweitiger Anschaffung eines nicht funktionsgleichen Wirtschaftsgutes,

- bei der Zwangsauflösung im Falle der Betriebsaufgabe bzw. Betriebsveräußerung,

- in Fällen des Wechsels zu einer Gewinnermittlungsart, bei der die Rücklagenbildung nach § 7g Abs. 3 S. 3 Nr. 3 EStG nicht möglich ist oder

- wenn die Besteuerungsgrundlagen im folgenden Jahr auf die Bildung der Ansparrücklage geschätzt werden mussten[241].

---

[239] Vgl. BMF Schreiben vom 25.2.2004, IV A 6-S 2183 b-1/04, BStBl I 2004, S. 337, RZ 32

[240] Vgl. BMF Schreiben vom 25.2.2004, IV A 6-S 2183 b-1/04, BStBl I 2004, S. 337, RZ 33

[241] Vgl. Fella G.: Sonder- und Ansparabschreibungen zur Förderung kleiner und mittlerer Betriebe, a.a.O., S. 11961

2. Nachträglicher Wegfall der Voraussetzungen

War die Bildung einer Ansparabschreibung nach dem Gesetz nicht möglich, weil z.b. das Größenmerkmal des § 7g Abs. 2 Nr. 1a bzw. 1b EStG nicht vorlag, kommt es zu keinem Gewinnzuschlag, weil auch kein Fall der Rücklagenauflösung vorliegt[242]. Denkbar ist dies z.b. wenn sich durch die Feststellungen einer Betriebsprüfung das Größenmerkmal ändert.

3. Höhe des Zuschlages

Der Zuschlag beträgt nach § 7g Abs. 5 EStG für jedes volles Wirtschaftsjahr, in dem die Ansparrücklage bestanden hat, 6% des Auflösungsbetrages. Somit ergibt sich ein höchstmöglicher Gewinnzuschlag von insgesamt 12%, wenn der Unternehmer die Rücklage am Ende des zweiten Wirtschaftsjahres nach ihrer Bildung auflöst. Auch wenn die Ansparrücklage buchtechnisch im Laufe des Jahres aufgelöst wird, ist der Gewinnzuschlag für ein volles Wirtschaftsjahr zu berücksichtigen[243]. Entsprechendes gilt für die Rücklagenbildung in einem Rumpfwirtschaftsjahr i.S.d. § 8b S. 2 EStDV[244].

Da bei Gewinnermittlern nach § 4 Abs. 3 EStG die Gewinnauswirkungen bereits während des Wirtschaftsjahres eintreten können, konkretisiert das BMF in der RZ 39 seines Schreibens vom 25.2.2004[245], dass eine Rücklage auch dann ein volles Wirtschaftsjahr i.S.d. § 7g Abs. 5 EStG bestanden hat, wenn sie tatsächlich bereits im laufenden Gewinnermittlungszeitraum aufgelöst worden ist[246].

---

[242] Vgl. Drenseck W. in Schmidt L./ Drenseck W./Glanegger P./ Heinicke W./ Seeger S.F. und Wackeer R.: Sonderabschreibungen und Ansparabschreibungen, a.a.O., § 7g, RZ 25

[243] Vgl. BMF Schreiben vom 25.2.2004, IV A 6-S 2183 b-1/04, BStBl I 2004, S. 337, RZ 35

[244] Vgl. BMF Schreiben vom 25.2.2004, IV A 6-S 2183 b-1/04, BStBl I 2004, S. 337, RZ 34

[245] Vgl. BMF Schreiben vom 25.2.2004, IV A 6-S 2183 b-1/04, BStBl I 2004, S. 337, RZ 39

[246] Anm.: Der Ansicht der Finanzverwaltung steht eine entgegengesetzte herrschende Meinung im Schrifttum gegenüber. So haben die FG hierzu bislang unterschiedlich entschieden. Das FG Bremen vertritt in seinem Urteil vom 12.8.2002, 1 K 245/01, ohne Angabe, die Auffassung, „…dass kein Gewinnzuschlag vorzunehmen ist, wenn eine Rücklage nach § 7g Abs. 3 EStG buchtechnisch bereits vor Ablauf eines Wirtschaftsjahres aufgelöst wird und die Rücklage daher kein volles Wirtschaftsjahr bestanden hat." Anders ent-

Wurde die Ansparabschreibung im Jahr nach ihrer Bildung aufgrund gestiegener Anschaffungs- oder Herstellungskosten erhöht und wird diese aufgestockte Rücklage zwangsweise am Ende des zweiten Wirtschaftsjahres nach § 7g Abs. 4 S. 2 EStG aufgelöst, dann beträgt der Gewinnzuschlag für den ursprünglichen passivierten Grundbetrag der Rücklage 12% und für den Aufstockungsbetrag 6%. Entsprechendes gilt, wenn die Aufstockung der Ansparrücklage zu einer überhöhten Ansparabschreibung geführt hat[247].

VI.   Existenzgründerrücklage nach § 7g Abs. 7 EStG

1.   Allgemeine Grundsätze

Um die Gründung neuer Betriebe steuerlich zu fördern, erweiterte der Gesetzgeber die Ansparrücklage nach § 7g Abs. 3-6 EStG für sog. Existenzgründer durch das JStG 1997[248] um § 7g Abs. 7 EStG. Danach können ab dem Veranlagungszeitraum 1997 Existenzgründer nach § 7g Abs. 7 EStG die Ansparabschreibung des § 7g Abs. 3 EStG unter erheblich erleichterten Bedingungen und mit einem erweiterten Begünstigungsrahmen geltend machen[249].

Der Betriebsinhaber hat kein Wahlrecht zwischen der Inanspruchnahme der Ansparabschreibung nach § 7g Abs. 3-6 EStG und der Existenzgründerrücklage gem. § 7g Abs. 7 EStG[250]. Es schließen sich somit § 7g Abs. 3 EStG und § 7g Abs. 7 EStG gegenseitig aus[251]. Sollten einzelne Voraussetzungen des § 7g Abs.7 EStG nicht erfüllt sein, bleibt dem Existenzgründer die Möglichkeit der Inanspruchnahme der Ansparrücklage nach § 7g Abs. 3-6 EStG. Nach Ablauf

---

schied das FG Hessen in seinem Urteil vom 6.12.2004, 1 K 1516/04, ohne Angabe. Nach seiner Ansicht ist der Gewinnzuschlag nach § 7g Abs. 5 EStG stets für ein volles Wirtschaftsjahr vorzunehmen, wenn die Ansparrücklage im laufenden Gewinnermittlungszeitraum ohne begünstigte Investition aufgelöst wird.

[247] Vgl. Drenseck W. in Schmidt L./ Drenseck W./Glanegger P./ Heinicke W./ Seeger S.F. und Wackeer R.: Sonderabschreibungen und Ansparabschreibungen, a.a.O., § 7g, RZ 25

[248] Vgl. JStG 1997 vom 20.12.1996, BGBl I 1996, S. 2949

[249] Vgl. Moritz J.: Ansparabschreibung, a.a.O., S. 9

[250] Vgl. Kratzsch A.: Gestalten mit Sonder- und Ansparabschreibungen, in: NWB, Heft 34 vom 22.8.2005, Fach 3, S. 13646

[251] Vgl. BMF Schreiben vom 25.2.2004, IV A 6-S 2183 b-1/04, BStBl I 2004, S. 337, RZ 40

des Gründungszeitraumes, dieser umfasst das Jahr der Betriebseröffnung und die folgenden fünf Wirtschaftsjahre, kann er nur noch unter den Voraussetzungen des § 7g Abs. 3-6 EStG die Ansparabschreibung vornehmen[252].

Grundsätzlich gelten für die Bildung der Existenzgründerrücklage dieselben Regelungen wie für die der „allgemeinen" Ansparrücklage nach § 7g Abs. 3-6 EStG. So ist die Existenzgründerrücklage buchhalterisch ebenso wie die „allgemeine" Ansparrücklage zu behandeln.

Um die Gemeinsamkeiten und Unterschiede zu verdeutlichen, werden insbesondere die Erweiterungen der Existenzgründerrücklage nach § 7g Abs. 7 Nr. 1-3 EStG zur Ansparrücklage nach § 7g Abs. 3-6 EStG in einer Übersicht gegenübergestellt[253].

2. Existenzgründung

Existenzgründung ist

* die erstmalige Eröffnung eines land- und forstwirtschaftlichen Betriebes i.S.d. § 13 Abs. 1 EStG,

* die Betriebseröffnung eines Gewerbebetriebes gem. § 15 Abs. 1 EStG,

* der erstmalige Beginn einer selbständigen Tätigkeit nach § 18 Abs. 1 EStG oder

* die wesentliche Erweiterung einer bereits bestehenden Betriebsstätte[254].

Ist die Betriebseröffnung noch nicht vollendet, lässt die Finanzverwaltung die Bildung einer Existenzgründerrücklage trotz des Wortlautes von § 7g Abs. 7 EStG im Billigkeitswege bereits vor Betriebsgründung zu. Allerdings muss auch hier die Investitionsentscheidung hinsichtlich der wesentlichen Betriebsgrundlagen ausreichend konkretisiert werden. Dies setzt für die Anschaffung von

---

[252] Vgl. BMF Schreiben vom 25.2.2004, IV A 6-S 2183 b-1/04, BStBl I 2004, S. 337, RZ 61

[253] Vgl. Tab. 9 im Anhang XII.2: Gegenüberstellung der Tatbestandsmerkmale der Rücklage nach § 7g Abs. 3-6 EStG und der Existenzgründerrücklage nach § 7g Abs. 7 EStG

[254] Vgl. BMF Schreiben vom 25.2.2004, IV A 6-S 2183 b-1/04, BStBl I 2004, S. 337, RZ 17

Investitionsgütern eine verbindliche Bestellung oder für ihre Herstellung eine bereits eingeholte Baugenehmigung oder deren Baubeginn voraus[255] [256].

Auch der entgeltliche Erwerb eines Betriebes nach § 6 Abs. 1 Nr. 7 EStG ist eine Existenzgründung. Hier ist allerdings darauf zu achten, dass es sich bei den mit erworbenen beweglichen Anlagegütern um neue und nicht um gebrauchte Wirtschaftsgüter handelt[257].

Hingegen handelt es sich gem. § 7g Abs. 7 S. 3 EStG bei der Übernahme eines Unternehmens im Rahmen der vorweggenommenen Erbfolge oder der Erwerb eines Betriebes durch Auseinandersetzung einer Erbengemeinschaft unmittelbar nach dem Erbfall um keine begünstigte Existenzgründung. In den RZ 53 und RZ 54 des BMF Schreibens vom 25.2.2004 wird unter Bezugnahme des BMF Schreibens vom 13.1.1993 erläutert, unter welchen Voraussetzungen eine vorweggenommene Erbfolge oder Erbauseinandersetzung vorliegt[258]. Hat der Rechtsvorgänger allerdings eine Existenzgründerrücklage zulässigerweise gebildet, kann der Rechtsnachfolger diese bis zum Ablauf des Begünstigungszeitraumes fortführen[259]. Folgend dem oben Geschriebenen, handelt es sich bei dem unentgeltlichen Erwerb im Erbfall durch den Alleinerben und bei Auseinandersetzung einer Erbengemeinschaft bis zu sechs Monaten nach dem Erbfall um eine begünstigte Betriebsgründung[260].

---

[255] Vgl. BFH Urteil vom 25.4.2002, IV R 30/00, BStBl II 2004, S. 182

[256] Vgl. BMF Schreiben vom 25.2.2004, IV A 6-S 2183 b-1/04, BStBl I 2004, S. 337, RZ 42 und RZ 43 mit Hinweis auf die RZ 17-23

[257] Vgl. BMF Schreiben vom 25.2.2004, IV A 6-S 2183 b-1/04, BStBl I 2004, S. 337, RZ 51

[258] Vgl. BMF Schreiben vom 25.2.2004, IV A 6-S 2183 b-1/04, BStBl I 2004, S. 337, RZ 53 und RZ 53

[259] Vgl. BMF Schreiben vom 25.2.2004, IV A 6-S 2183 b-1/04, BStBl I 2004, S. 337, RZ 52

[260] Vgl. Fella G.: Sonder- und Ansparabschreibungen zur Förderung kleiner und mittlerer Betriebe, a.a.O., S. 11960

3. Existenzgründer

a. Allgemeines

Das Gesetz unterscheidet in § 7g Abs. 7 S. 2 EStG beim Existenzgründerstatus die Rechtsformen Einzelunternehmen, Personengesellschaft und Kapitalgesellschaft.

Es gilt:

- § 7g Abs. 7 S. 2 Nr. 1 EStG → natürliche Person (Einzelunternehmen)
- § 7g Abs. 7 S. 2 Nr. 2 EStG → Personengesellschaft i.S.v. § 15 Abs. 1 S. 1 Nr. 2 EStG
- § 7g Abs. 7 S. 2 Nr. 3 EStG → Kapitalgesellschaft nach § 1 Abs. 1 Nr. 1 KStG

b. Natürliche Person

Als Existenzgründer i.S.d. § 7g Abs. 7 S. 2 Nr. 1 EStG ist ein Einzelunternehmer zu verstehen, der erstmals selbständig tätig wird. Dieser darf innerhalb der letzten fünf Jahre vor der Betriebseröffnung (sog. Vorgründungszeitraum) weder an einer Kapitalgesellschaft unmittelbar noch mittelbar zu mehr als 10% beteiligt gewesen sein. Weiterhin darf er in dieser Zeit keine Einkünfte aus Land- und Forstwirtschaft, Gewerbebetrieb oder aus freiberuflicher Tätigkeit erzielt haben[261]. Auch geringfügige Gewinne oder Verluste aus einer kurzzeitig ausgeübten Tätigkeit i.S.v. § 2 Abs. 1 S. 1 Nr. 1-3 EStG innerhalb des Vorgründungszeitraumes führen zu einer Versagung des Existenzgründerstatus`[262].

Da aus der gesetzlichen Regelung nicht hervorgeht, ob für die Berechnung des Vorgründungszeitraumes der Beginn oder das Ende des Wirtschaftsjahres der Betriebseröffnung maßgebend ist, orientiert sich die Finanzverwaltung an den Ausführungen zu RZ 42 des BMF Schreibens vom 25.2.2004[263]. Dort wird für die Berechnung dieses Zeitraumes auf den Beginn des Wirtschaftsjahres des Ab-

---

[261] Vgl. Moritz J.: Ansparabschreibung, a.a.O., S. 10
[262] Vgl. BMF Schreiben vom 25.2.2004, IV A 6-S 2183 b-1/04, BStBl I 2004, S. 337, RZ 44
[263] Vgl. BMF Schreiben vom 25.2.2004, IV A 6-S 2183 b-1/04, BStBl I 2004, S. 337, RZ 42

schlusses der Betriebseröffnung abgestellt. Sollte eine Ansparrücklage bereits vor Abschluss der Eröffnung des Unternehmens gebildet worden sein, „...tritt der Beginn des Jahres der Rücklagenbildung an die Stelle des Wirtschaftsjahres der Betriebseröffnung."[264]

c. Personengesellschaft

Bei einer Personengesellschaft ist bei der Prüfung der Existenzgründereigenschaft der einzelnen Mitunternehmer ausschließlich auf die Gesellschafter abzustellen, welche am Ende des Gewinnermittlungszeitraumes des Jahres der Rücklagenbildung am Unternehmen beteiligt sind[265]. Dabei müssen alle Mitunternehmer natürliche Personen mit Existenzgründerqualität in dem oben beschriebenen Sinn sein[266]. Ist bei der Neugründung eine andere Personengesellschaft (sog. doppel- und mehrstöckige Personengesellschaft) beteiligt, müssen sämtliche mittelbar oder unmittelbar beteiligte Mitunternehmer die Existenzgründereigenschaften aufweisen[267]. Mitunternehmer, die die Voraussetzungen des § 7g Abs. 7 S. 2 Nr. 1 EStG nicht erfüllen und vor Ablauf des Wirtschaftsjahres der Rücklagenbildung ausscheiden, bleiben unberücksichtigt[268].

Tritt ein Nichtexistenzgründer nach Betriebseröffnung in eine Personengesellschaft ein, sind ab diesem Zeitpunkt keine Rücklagen i.S.d. § 7g Abs. 7 EStG mehr möglich. Bestehende Ansparrücklagen dürfen aber fortgeführt werden[269].

Bringt der Gesellschafter einer Personengesellschaft seinen bisherigen Betrieb i.S.v. § 7g Abs. 7 EStG zu Buchwerten in die neu gegründete Gesellschaft ein, steht seine gewerbliche Vorbetätigung der Beurteilung der Mitunternehmerschaft als Existenzgründerin nicht entgegen, wenn die Personengesellschaft den eingebrachten

---

[264] BMF Schreiben vom 25.2.2004, IV A 6-S 2183 b-1/04, BStBl I 2004, S. 337, RZ 43

[265] Vgl. BMF Schreiben vom 25.2.2004, IV A 6-S 2183 b-1/04, BStBl I 2004, S. 337, RZ 47

[266] Vgl. BMF Schreiben vom 25.2.2004, IV A 6-S 2183 b-1/04, BStBl I 2004, S. 337, RZ 46 und RZ 47

[267] Vgl. BMF Schreiben vom 25.2.2004, IV A 6-S 2183 b-1/04, BStBl I 2004, S. 337, RZ 46

[268] Vgl. BMF Schreiben vom 25.2.2004, IV A 6-S 2183 b-1/04, BStBl I 2004, S. 337, RZ 47

[269] Vgl. Moritz J.: Ansparabschreibung, a.a.O., S. 10

Betrieb fortführt und die übrigen Mitunternehmer ebenfalls die Voraussetzungen des § 7g Abs. 7 S. 2 Nr. 1 EStG erfüllen[270]. Entsprechend ist für die Ermittlung des Gründungszeitraumes das Wirtschaftsjahr der Betriebseröffnung des eingebrachten Betriebes maßgebend[271].

Die Beteiligung einer Kapitalgesellschaft an einer Personengesellschaft ist nach dem Wortlaut des § 7g Abs. 7 S. 2 Nr. 2 EStG schädlich. Eine GmbH & Co. KG kann daher keine Existenzgründergesellschaft sein, „…es sei denn, an der GmbH sind ausschließlich Existenzgründer beteiligt (erweiterte Auslegung des Wortlauts)."[272] [273]

d. Kapitalgesellschaft

Eine Kapitalgesellschaft ist begünstigt, sofern alle Gesellschafter natürliche Personen sind. Diese müssen die in § 7g Abs. 7 S. 2 Nr. 1 EStG genannten Existenzgründereigenschaften aufweisen[274]. Die Beteiligung einer Kapitalgesellschaft an einer anderen Kapitalgesellschaft ist nach dem Wortlaut des § 7g Abs. 7 S. 2 Nr. 3 EStG somit schädlich[275].

4. Sensible Wirtschaftssektoren

Die EU-Kommission hatte am 17.8.1998 entschieden, dass § 7g Abs. 7 EStG mit dem Art. 92 EG-Vertrag nur insoweit vereinbar sei, soweit damit nicht sensible Sektoren gefördert werden[276]. Daraufhin

---

270 Vgl. BMF Schreiben vom 25.2.2004, IV A 6-S 2183 b-1/04, BStBl I 2004, S. 337, RZ 48

271 Vgl. BMF Schreiben vom 25.2.2004, IV A 6-S 2183 b-1/04, BStBl I 2004, S. 337, RZ 48

272 Kratzsch A.: Gestalten mit Sonder- und Ansparabschreibungen, a.a.O., S. 13660

273 Anm.: Im Kommentar Handzik P. in Littmann E./ Bitz H. und Pust H.: Sonderabschreibung und Ansparrücklage, a.a.O., § 7g, RZ 122 wird die Auffassung vertreten, dass eine GmbH & Co.KG selbst dann Existenzgründerin sein kann, wenn nicht alle Mitunternehmer natürliche Personen sind.

274 Vgl. BMF Schreiben vom 25.2.2004, IV A 6-S 2183 b-1/04, BStBl I 2004, S. 337, RZ 49

275 Anm.: Nach dem BMF Schreiben vom 25.2.2004, IV A 6-S 2183 b-1/04, BStBl I 2004, S. 337, RZ 49, sind die RZ 47 und RZ 48 entsprechend anzuwenden.

276 Vgl. Handzik P. in Littmann E./ Bitz H. und Pust H.: Sonderabschreibung und Ansparrücklage, a.a.O., § 7g, RZ 153

fügte der Gesetzgeber durch das StBerG 1999 den Absatz 8 in § 7g EStG ein[277]. Danach können Existenzgründerrücklagen ab dem Veranlagungszeitraum 1997 nur noch gebildet werden, soweit eine Förderfähigkeit in den sog. sensiblen Wirtschaftssektoren nach dem Recht der EU nicht ausgeschlossen ist[278].

Aus der Vorschrift lassen sich zwei Prüfschritte ableiten[279].

1. Ist die betriebliche Tätigkeit einem sensiblen Wirtschaftssektor gem. § 7g Abs. 8 S. 2 Nr.1-8 EStG zuzurechnen?

Zu den sensiblen Wirtschaftssektoren gehören[280]:

1. Eisen- und Stahlindustrie

2. Schiffbau

3. Kraftfahrzeugindustrie

4. Kunstfaserindustrie

5. Landwirtschaftssektor

6. Fischerei- und Aquakultursektor

7. Verkehrssektor

8. Steinkohlenbergbau

2. Falls dies zutrifft: Inwieweit ist die Förderfähigkeit ausgeschlossen?

Denn nur soweit können keine Existenzgründerrücklagen gebildet werden.

VII. Verfahrensweisen

1. Buchungstechnische Verfahrensweise

Die Ansparrücklage wird bei der Gewinnermittlung nach § 4 Abs. 1 EStG zu Lasten des Gewinnes passiviert und ist spätestens nach Durchführung der Investition bzw. nach Ablauf der zwei- bzw. fünfjährigen Frist gewinnerhöhend aufzulösen.

---

[277] Vgl. StBerG 1999 vom 22.12.1999, BGBl I 1999, S. 2601

[278] Vgl. BMF Schreiben vom 25.2.2004, IV A 6-S 2183 b-1/04, BStBl I 2004, S. 337, RZ 55

[279] Vgl. Pitzke J.: Ansparabschreibungen nach § 7g Abs. 3-8 EStG, a.a.O., S. 12778

[280] Vgl. BMF Scheiben vom 2.1.1997, IV B 2-S 2138-40/96, BStBl I 1997, S. 102

Bei Unternehmen, die ihren Gewinn durch Einnahme-Überschussrechnung ermitteln, ist die Ansparabschreibung gem. § 7g Abs. 6 EStG bei ihrer Bildung als Betriebsausgabe und bei Vorliegen der Auflösungsvoraussetzungen als Betriebseinnahme zu erfassen. Kommt es zu dem Gewinnzuschlag nach § 7g Abs. 5 EStG, erhöht dieser bei beiden Gewinnermittlungsarten das steuerliche Ergebnis außerhalb der Gewinnermittlung.

2. Vorgehensweise der Unternehmer

In Vorbereitung zur Erstellung der endgültigen Jahresabschlussunterlagen, ermittelt der Unternehmer bzw. sein Steuerberater das vorläufige Jahresergebnis des abgelaufenen Wirtschaftsjahres zunächst ohne Sonder- bzw. Ansparabschreibung. Mit Hilfe eines Steuerberechnungsprogrammes wird die steuerliche Belastung für den Unternehmer errechnet[281].

In den jährlich stattfindenden Jahresabschlussgesprächen zwischen Unternehmer und seinem Steuerberater wird das vorläufige Jahresergebnis mit den steuerlichen Folgen besprochen. „In diesem Zusammenhang wird das System der Ansparabschreibung erläutert."[282] Unter Hinzuziehung der betriebswirtschaftlichen Auswertung des Folgejahres wird die Auswirkung der Sonder- bzw. Ansparabschreibung auf die kommenden Jahre verdeutlicht[283]. Weiterhin „…wird mit dem Mandanten besprochen welcher Investitionsbedarf für die nächsten Jahre besteht."[284]

Je nachdem wie sich die finanzielle und wirtschaftliche Situation der Unternehmung und die Jahresergebnisse der verschiedenen Jahre darstellen, wird die Bildung der Ansparrücklage empfohlen oder davon abgeraten[285]. Der Berater macht darauf aufmerksam, dass die Rücklagenbildung sich als zweckmäßig erweisen kann „…1. um die Sonderafa gem. § 7g Abs. 1 EStG in Anspruch nehmen zu können und 2. um natürlich auch zu gestalten, wenn erhebliche

---

281 Vgl. Gespräch mit der Steuerfachangestellten Frau Ruchay I.
282 Gespräch und Schriftwechsel mit der Steuerberaterin Frau Schramm D.
283 Vgl. Gespräch mit der Sachbearbeiterin bei der IHK München Frau Sieber-Bethke C.
284 Gespräch und Schriftwechsel mit der Steuerberaterin Frau Schramm D.
285 Vgl. Gespräch mit der Sachbearbeiterin bei der IHK München Frau Sieber-Bethke C.

Steuernachzahlungen zu erwarten sind..."[286].Nach den Angaben von Frau Kusch stellen sich die praktischen Erfahrungen so dar, „...dass immer mehr Mandanten lieber gleich den Gewinn versteuern möchten und <u>nicht</u> in eventuell wirtschaftlich schlechten Zeiten Gewinne aufdecken müssen."[287]

Die Steuerberaterin Frau Schramm vertritt die Auffassung, dass „...die Bildung einer Ansparrücklage dann Sinn macht, wenn der Steuerpflichtige im Jahr der Bildung ein hohes Einkommen mit entsprechendem Steuersatz erzielt hat..."[288] und durch die Inanspruchnahme der Ansparabschreibung die Steuern im Begünstigungszeitraum niedriger festgesetzt werden. „[D]er dadurch entstehende kurzfristige Liquiditätsvorteil kann dann für die Finanzierung der zukünftigen Investitionen genutzt werden."[289] Ferner ist sie der Ansicht, dass die Bildung einer Ansparrücklage nur zweckmäßig ist, wenn „...eine Investition tatsächlich erfolgen soll. Nur dann ist die Rücklagenauflösung mit der Sonderabschreibung auszugleichen und es erfolgt keine Verzinsung."[290] Bleibt die Investition nämlich aus, „...hebt sich der Liquiditätsvorteil durch die Verzinsung der Auflösung und der damit höheren Steuerbelastung auf."[291] Dies versucht Frau Schramm ihren Mandanten in der Beratung zu verdeutlichen und muss dabei „...echte Überzeugungsarbeit..."[292] leisten, denn viele ihrer Mandanten sehen „...oft nur den kurzfristigen Liquiditätsvorteil und verdrängen die spätere höhere Steuerbelastung."[293]

Sofern zukünftige Ansparrücklagen gem. § 7g Abs. 3 EStG in Anspruch genommen werden sollen, kann für die Überprüfung der wichtigsten Anspruchsvoraussetzungen nach dem in der Abb. 2 im Anhang dargestellten Prüfschema vorgegangen werden[294] [295] [296].

---

[286] Gespräch mit der Steuerberaterin Frau Kusch D.
[287] Gespräch mit der Steuerberaterin Frau Kusch D.
[288] Gespräch und Schriftwechsel mit der Steuerberaterin Frau Schramm D.
[289] Gespräch und Schriftwechsel mit der Steuerberaterin Frau Schramm D.
[290] Gespräch und Schriftwechsel mit der Steuerberaterin Frau Schramm D.
[291] Gespräch und Schriftwechsel mit der Steuerberaterin Frau Schramm D.
[292] Gespräch und Schriftwechsel mit der Steuerberaterin Frau Schramm D.
[293] Gespräch und Schriftwechsel mit der Steuerberaterin Frau Schramm D.
[294] Vgl. Abb. 2 im Anhang XII.4: Prüfschema für die Bildung einer Ansparrücklage
[295] Vgl. Gespräch mit der Sachbearbeiterin von der IHK Hamburg Frau Küchmeister S.

Um die Investitionsabsicht des Unternehmers zu untermauern, werden die erforderlichen Dokumentationen für die Inanspruchnahme der Rücklage zeitnah vorgenommen. Die erforderlichen Angaben werden dem Finanzamt bereits in der Jahreserklärung mitgeteilt, um so unnötige Rückfragen zu vermeiden und der Finanzverwaltung die genaue Prüfung zu ermöglichen. Ferner werden Kostenvoranschläge oder Angebotsbeschreibungen dem Jahresabschluss als Erläuterung beigefügt[297].

Um die Bildung und Auflösung der Ansparabschreibung genau zu dokumentieren bzw. die Vornahme der späteren Sonderabschreibung zu überwachen, verwendet der Steuerberater selbst entworfene Überwachungsbögen[298] [299] [300].

3. Verfahrensweise der Finanzverwaltung

Bei Sichtung des Jahresabschlusses gilt es, die Vornahme von Anspar- bzw. Sonderabschreibungen genau zu überprüfen. Der Sachbearbeiter kontrolliert das Vorliegen der Anspruchsvoraussetzungen für die Ansparabschreibungen mittels Überwachungsbögen. Wird eine Ansparrücklage nach § 7g Abs. 3-6 EStG in Anspruch genommen, muss das in der Anlage 6 im Anhang beigefügte Überwachungsblatt [301] ausgefüllt werden. Macht der Unternehmer die Existenzgründerrücklage i.S.d. § 7g Abs. 7 EStG geltend, dokumentiert der Sachbearbeiter diese in dem Überwachungsbogen, der als Anlage 7 im Anhang beigefügt ist[302]. Auf den Vordrucken sind ne-

---

[296] Anm.: Im persönlichen Gespräch erwähnte die Sachbearbeiterin von der IHK Hamburg Frau Küchmeister S. den Aufsatz und das dort dargestellte Schema zur Überprüfung der wichtigsten Anspruchsvoraussetzungen der Rücklage von Hegemann J. und Querbach T.: Sonderabschreibungen und Ansparabschreibungen gem. § 7g EStG zur Förderung kleiner und mittlerer Betriebe, a.a.O., S. 4576.

[297] Vgl. Gespräch mit der Steuerberaterin Frau Kusch D.

[298] Vgl. Anlage 3 im Anhang XII.7: Überwachungsblatt für die Ansparrücklage (§ 7g Abs. 3-6 EStG) (Standard)

[299] Vgl. Anlage 4 im Anhang XII.8: Überwachungsblatt für die Ansparrücklage (§ 7g Abs. 3-7 EStG) (Existenzgründer)

[300] Vgl. Anlage 5 im Anhang XII.9: Ansparabschreibung § 7g/3,7 EStG

[301] Vgl. Anlage 6 im Anhang XII.10: Ansparrücklage (§ 7g Abs. 3-6 EStG) (Standard)

[302] Vgl. Anlage 7 im Anhang XII.11: Ansparrücklage (§ 7g Abs. 3-7 EStG) (Existenzgründer)

ben der genauen Bezeichnung des einzelnen Wirtschaftsgutes, für das eine Rücklage gebildet werden soll, die voraussichtlichen Anschaffungs- oder Herstellungskosten, den beabsichtigten Investitionszeitpunkt und die Höhe der Ansparabschreibung anzugeben. Darüber hinaus sind Ausführungen zu den noch nicht aufgelösten (Teil-) Rücklagen aus den vorangegangenen Wirtschaftsjahren, Erläuterungen zu den aufgelösten Ansparrücklagen und eventuell anfallenden Gewinnzuschlägen vorzunehmen.

Sofern sich die erforderlichen Angaben nicht aus dem Jahresabschluss ergeben, werden die Daten vom Unternehmer schriftlich angefordert. Kann er seine geplanten Investitionen im Einzelnen nicht genau darlegen bzw. ist eine Überprüfung von Amtswegen nicht eindeutig möglich, kann dies Anlass für eine Betriebsprüfung sein.

4. Änderungsvorschriften/ Korrekturen bei der Veranlagung

Stellt der Sachbearbeiter fest, dass die Voraussetzungen für die Inanspruchnahme der Sonder- bzw. Ansparabschreibung nicht erfüllt sind, setzt er die Steuer abweichend von der Erklärung fest oder ändert bereits ergangene Steuerbescheide.

Bei Gewerbetreibenden und Selbständigen, die ihren Gewinn nach § 4 Abs. 1 EStG ermitteln, wird der maßgebende Wert des Betriebsvermögens unmittelbar im Veranlagungsverfahren überprüft. Stellt sich nachträglich eine Überschreitung der Betriebsvermögensgrenze von 204.517 € heraus, ändert der Sachbearbeiter gem. § 164 AO, § 165 AO oder §§ 172 ff. AO den Steuerbescheid[303].

Ergibt sich bei Betrieben der Land- und Forstwirtschaft durch Korrektur des festgestellten Einheitswertes eine Überschreitung des Grenzwertes von 122.710 €, ist die Sonderabschreibung durch Änderung des Steuerbescheides nach § 175 Abs. 1 S. 1 Nr. 1 AO rückwirkend zu versagen[304].

Werden bei einem Wirtschaftsgut, für das Sonderabschreibung in Anspruch genommen worden ist, die Verbleibensvoraussetzungen des § 7g Abs. 2 Nr. 2a EStG nicht eingehalten, so ist der Steuerbescheid des Jahres der Inanspruchnahme ebenfalls nach § 175 Abs.

---

[303] Vgl. BMF Schreiben vom 25.2.2004, IV A 6-S 2183 b-1/04, BStBl I 2004, S. 337, RZ 14

[304] Vgl. R 7g. Abs. 5 S. 2 zu § 7g EStR 2005

1 S. 1 Nr. 2 AO rückwirkend zu ändern[305]. Dies kann beispielsweise der Fall sein, wenn das Investitionsgut zwar im Anschaffungs- bzw. Herstellungsjahr qualifiziert genutzt worden, nicht aber im folgenden Jahr innerhalb der Einjahresfrist im Betrieb verblieben ist.

Im Falle einer rechtsfehlerhaften Inanspruchnahme der Sonderabschreibung, ist der Bilanzansatz des Wirtschaftsgutes im Rahmen der Bilanzberichtigung nach § 4 Abs. 2 S. 1 EStG zu korrigieren.

Hat der Betriebsinhaber es versäumt eine Ansparrücklage zu bilden, kann diese nur im Rahmen einer Bilanzänderung gem. § 4 Abs. 2 S. 2 EStG nachträglich geltend gemacht werden[306].

Weiterhin sind Steuerbescheide in den Fällen nach § 175 Abs. 1 S. 1 Nr. 2 AO zu ändern, wenn Einkünfte nach § 2 Abs. 1 Nr. 1-3 EStG (z.B. mangels Gewinnerzielungsabsicht) nachträglich nicht mehr berücksichtigt werden und nunmehr die Voraussetzungen für die Existenzgründerrücklage vorliegen[307]. Ein bislang berücksichtigter Gewinnzuschlag nach § 7g Abs. 5 EStG ist aufzuheben. Wurde eine wegen des Ablaufes des Investitionszeitraumes nach § 7g Abs. 3 S. 2 EStG gebildete Ansparrücklage zwangsweise aufgelöst, ist diese ebenfalls rückgängig zu machen[308].

Umgekehrt kann nachträglich unter den Voraussetzungen des §§ 172 ff. AO ein Steuerbescheid zu ändern sein, wenn ein Gewinnzuschlag nach § 7g Abs. 5 EStG anzusetzen ist, weil sich herausgestellt hat (z.B. durch den erbrachten Nachweis der Gewinnerzielungsabsicht), dass die Voraussetzungen für eine Existenzgründerrücklage nicht vorlagen[309].

Ist die Ansparabschreibung bereits im Jahr ihrer Bildung aufzulösen, weil z.B. aufgrund der Feststellungen einer Außenprüfung das maßgebende Betriebsvermögen überschritten wird, ist lediglich der Zinsgewinn nach § 233a AO anzusetzen.

---

305 Vgl. R 7g. Abs. 7 S. 5 zu § 7g EStR 2005
306 Vgl. Handzik P. in Littmann E./ Bitz H. und Pust H.: Sonderabschreibung und Ansparrücklage, a.a.O., § 7g, RZ 89
307 Vgl. BMF Schreiben vom 25.2.2004, IV A 6-S 2183 b-1/04, BStBl I 2004, S. 337, RZ 45
308 Vgl. BMF Schreiben vom 25.2.2004, IV A 6-S 2183 b-1/04, BStBl I 2004, S. 337, RZ 45
309 Vgl. Kratzsch A.: Gestalten mit Sonder- und Ansparabschreibungen, a.a..O., S. 13646

VIII. Vor- und Nachteile der Sonder- bzw. Ansparabschreibung

1. Allgemeines

„Nach Auffassung der Bundesregierung werden mittelständische Betriebe durch die Finanzierung von Investitionen im Allgemeinen stärker belastet als Großbetriebe (Stuhrmann, NJW 2000, 616, 617), denn kleine und mittlere Unternehmen besäßen insbesondere weniger Möglichkeiten, sich auf dem Kapitalmarkt Finanzierungsmittel zu beschaffen."[310] Um die Investitions- und Innovationskraft von klein- und mittelständischen Unternehmen zu fördern, führte der Gesetzgeber die Vorschrift des § 7g EStG ein[311].

2. Vorteile der Sonder- bzw. Ansparabschreibung

Besonders für kleinere und mittlere Betriebe, bei Neugründungen oder im Falle der Einnahme-Überschussrechnung bietet die Ansparrücklage erhöhte Abschreibungsmöglichkeiten, denn durch ihre Bildung werden die Voraussetzungen für eine spätere Sonderabschreibung nach § 7g Abs. 1 EStG geschaffen.

Wie bereits eingangs dargestellt, ist seit dem Veranlagungszeitraum 2001 die Inanspruchnahme einer Sonderabschreibung nur unter der Voraussetzung möglich, dass vorher eine entsprechende Ansparrücklage für das Investitionsgut gebildet wurde. Die Bedeutung der Rücklage hat, insbesondere auch vor dem Hintergrund des ab dem 1.1.2001 um 10% reduzierten degressiven Abschreibungssatzes nach § 7 Abs. 2 EStG, zugenommen. Diese Verknüpfung hat der Gesetzgeber gewählt, um den finanziellen Spielraum und die Investitionstätigkeit des Unternehmers zu erhöhen[312]. Zum einen wird durch die Abschreibungsvergünstigung des § 7g Abs. 1 EStG die Liquidität des Betriebes nach Abschluss der Investition gefördert, zum anderen wird dem Unternehmer im Vorgriff auf eine

---

[310] Lambrecht C. in Kirchhof P./ Söhn H. und Mellinghoff R.: Sonder- und Ansparabschreibungen, im Kommentar zum Einkommensteuerrecht zu § 7g EStG, Band 7 zu §§ 7-8 EStG, Loseblattsammlung, Heidelberg 2005, RZ 19

[311] Vgl. Lambrecht C. in Kirchhof P./ Söhn H. und Mellinghoff R.: Sonder- und Ansparabschreibungen, a.a.O., § 7g, RZ 19

[312] Vgl. Heidreich V. und Rosseburg J.: Die Ansparabschreibung als Instrument der Steuerbilanzpolitik im Lichte neuerer Rechtsprechung, a.a.O., S.634

geplante Neuanschaffung die Möglichkeit eröffnet, eine gewinnmindernde Ansparrücklage zu bilden[313].

Darüber hinaus kann mittels der Ansparabschreibung das zu versteuernde Einkommen[314] des Unternehmers gezielt gesteuert werden. So lässt sich mit ihr ein hohes steuerpflichtiges Einkommen und einen damit einhergehenden hohen Steuersatz von der Gegenwart, in ein späteres Jahr, mit einem niedrigeren Einkommen und einem geringeren Steuersatz, verlagern. Dies kann angesichts des progressiven Steuersatzes steuerliche Vorteile mit sich bringen.

Der mit der Inanspruchnahme der Rücklage zusammenhängende Finanzierungseffekt, die mögliche steuerliche Entlastung und die damit verbundene Liquiditätsverbesserung für das Unternehmen, lassen sich anhand eines Zahlenbeispieles verdeutlichen.

Mittels der unten dargestellten Berechnung wird die steuerliche Belastung[315] unter Zugrundelegung unterschiedlicher Einkommen

- im 1. Fall ohne Rücklagenbildung und

- im 2. Fall mit Rücklagenbildung gegenübergestellt.

Dabei wird aus Gründen der Vereinfachung ausschließlich die tarifliche Einkommenssteuer betrachtet. Für die Berechnung werden die übrigen, auf das zu versteuernde Einkommen wirkenden Einflussfaktoren, wie beispielsweise Sonderausgaben oder außergewöhnliche Belastungen, außer Betracht gelassen.

Ausgangssachverhalt zum Jahr 2006

Der bilanzierende allein stehende Gewerbetreibende G betreibt seit dem 1.4.1995 eine Tischlerei. Sein Betriebsvermögen des Vorjahres beträgt 134.254 €. Um sein Unternehmen zu erweitern, plant er im Jahre 2008 einen neuen Transporter zum Preis von 62.500 €, zu erwerben. Da G alle Anspruchsvoraussetzungen für die Inanspruchnahme der Ansparabschreibung erfüllt, bildet er im Jahre 2006 die höchstmögliche Rücklage von 25.000 € und mindert somit sein Einkommen.

---

313 Vgl. Lambrecht C. in Kirchhof P./ Söhn H. und Mellinghoff R.: Sonder- und Ansparabschreibungen, a.a.O., § 7g, RZ 1

314 Anm.: In meiner Untersuchung werde ich die Begriffe, Einkommen, steuerpflichtiges Einkommen und zu versteuerndes Einkommen synonym für das zu versteuernde Einkommen i.S.d. § 2 Abs. 5 EStG verwenden.

315 Anm.: Die Berechnung der tariflichen Einkommensteuer erfolgte unter Zugrundelegung des Grundtarifes 2006, § 32a Abs. 1 EStG.

Nr.		1. Fall ohne Rück-lagenbildung	2. Fall mit Rück-lagenbildung	Steuerent-lastung
a.	zu versteuerndes Einkommen	2.000 €	-23.000 €	
	Einkommensteuer	0 €	0 €	Keine
b.	zu versteuerndes Einkommen	10.000 €	-15.000 €	
	Einkommensteuer	398 €	0 €	398 €
c.	zu versteuerndes Einkommen	40.000 €	15.000 €	
	Einkommensteuer	9.223 €	1.542 €	7.681 €
d.	zu versteuerndes Einkommen	55.000 €	30.000 €	
	Einkommensteuer	15.186 €	5.807 €	9.379 €
e.	zu versteuerndes Einkommen	70.000 €	45.000 €	
	Einkommensteuer	21.486 €	11.102 €	10.384 €
f.	zu versteuerndes Einkommen	85.000 €	60.000 €	
	Einkommensteuer	27.786 €	17.286 €	10.500 €
g.	zu versteuerndes Einkommen	120.000 €	95.000 €	
	Einkommensteuer	42.486 €	31.986 €	10.500 €

Tab. 6: Gegenüberstellung der Steuerbelastung ohne und mit Rücklagenbildung
Quelle: Eigene Darstellung

Wirkung der Ansparrücklage

Wie das Beispiel zeigt, ergeben sich durch die Bildung der Ansparrücklage unterschiedliche einkommensteuerliche Entlastungen. Es ist zu erkennen, dass die Inanspruchnahme einer Rücklage nicht in jedem Fall zu einer Steuerersparnis führt. Diese kann, wie im Fall Nr. a zu keiner steuerlichen Entlastung, bis hin zu einer Steuerersparnis von 10.500 € wie im Fall Nr. f und g reichen. Sie nimmt aber aufgrund der Progression, mit steigendem Einkommen und einen damit einhergehenden hohen Steuersatz bis zur Erreichung des Grenzsteuersatzes[316] zu. Die Ansparabschreibung kann somit bei schwankenden Gewinnen zwecks Abmilderung von Progressionseffekten gewollt zur Ergebnisglättung eingesetzt werden. Durch diese steuerliche Entlastung entsteht eine momentane Liqui-

---

[316] Anm.: Der Grenzsteuersatz des Jahres 2006 i.H.v. 42% liegt bei einem zu versteuernden Einkommen von 52.152 €, § 32a Abs. 1 S. 2 EStG.

ditätssteigerung für den Unternehmer. Aber auch langfristig kann eine Verbesserung der Liquidität bzw. die Stärkung der Eigenkapitalausstattung eintreten. So kann der Betriebsinhaber die Differenz zwischen den sich ohne und den sich nach Rücklagenbildung ergebenen Steuerentlastungsbetrag von 10.500 € beispielsweise für eine zinsbringende Zwischenanlage nutzen, um so weiteres Eigenkapital zu generieren. Dieses vermag dann zur Anschaffung neuer Investitionsvorhaben verwendet oder zur Tilgung von Verbindlichkeiten eingesetzt werden.

Ungeachtet einer späteren Vornahme von Sonderabschreibung, hat die Geltendmachung der Ansparrücklage prinzipiell einen Steuerstundungseffekt. Dieser kann zu einem Liquiditäts- und Zinsgewinn für den Unternehmer führen. Der Liquiditätseffekt tritt dadurch ein, dass durch Inanspruchnahme der Ansparabschreibung zunächst eine geringere Steuerzahlung zu leisten ist, die ergebniswirksame Auflösung aber zu einer Steuererhöhung und somit zu einer Liquiditätsbelastung führt. Die sich ergebende Steuerstundung im Bildungsjahr wird durch den Gesetzgeber zinslos gewährt. Gegenüber einer sonst etwa erforderlichen Kreditfinanzierung erspart der Betriebsinhaber die sonst anfallenden Fremdkapitalzinsen. So kann die Inanspruchnahme einer Rücklage von 25.000 €, einer einkommensteuerlichen Entlastung von 10.500 € bei einem Zinssatz von 8% und einer zweijährigen Stundung, zu einem Zinsvorteil i.H.v. 1.680 € führen[317].

Bei gleich bleibenden Verhältnissen, wie gleiche Höhe der jährlichen Investitionen, gleiches steuerliches Einkommen und gleiche steuerliche Belastung, wird mit der Ansparabschreibung nicht nur eine vorübergehende, sondern eine dauerhafte Steuerstundung erzielt. Sinken die Steuersätze der einzelnen Jahre kommt es neben dem Zinsvorteil zu einer endgültigen Steuereinsparung[318].

In Fortführung des Ausgangssachverhaltes werden im Folgenden die steuerlichen Auswirkungen für das Jahr der Investition bei

---

[317] Vgl. Paus B.: Lohnt sich die Ansparabschreibung nach § 7g EStG?, in: DStR, Heft 41/1994, S. 1105

[318] Anm.: In den Veranlagungszeiträumen 2002/2003 lag der Grenzsteuersatz bei 48,5%, im darauf folgenden Veranlagungszeitraum bei 45% und in den Veranlagungszeiträumen 2005 bzw. 2006 betrug dieser 42%.

Inanspruchnahme von Sonderabschreibung und Rücklagenauflösung dargestellt.

Sachverhalt zum Jahr 2008

Im Januar 2008 wird der Transporter mit Anschaffungskosten von 62.500 € geliefert und in Gebrauch genommen. Die Nutzungsdauer des Transporters beträgt 10 Jahre. G möchte den Transporter degressiv nach § 7g Abs. 2 EStG abschreiben. Da er die Voraussetzungen für die Vornahme der Sonderabschreibung gem. § 7g Abs. 1 und 2 EStG erfüllt, nimmt G diese in voller Höhe in Anspruch.

Der durch die Rücklagenauflösung entstehende Ertrag in Höhe von 25.000 € steht den in 2008 in Anspruch genommenen Abschreibungen von insgesamt 25.000 € gegenüber. Wie das Beispiel für das Jahr 2008 zeigt, verändert sich das steuerpflichtige Einkommen und damit die Steuerbelastung nicht. Infolge der Anschaffung zu Beginn des Jahres 2008 kommt der volle degressive Abschreibungssatz von 20% zur Anwendung. Zusammen mit der gleichzeitig geltend gemachten Sonderabschreibung von ebenfalls 20% der Anschaffungskosten ergibt sich eine gewinnmindernde Gesamtabschreibung von 40%.

Im Ergebnis führt nur die Bildung der Ansparrücklage im Jahre 2006 zu einer Gewinnminderung. Die durch die Rücklagenauflösung eintretende Gewinnerhöhung wird durch den Abzug der höchstmöglichen degressiven Abschreibung und der Sonderabschreibung im Investitionsjahr 2008 vollständig kompensiert.

zu versteuerndes Einkommen 2008 ohne Berücksichtigung von Sonder- und Ansparabschreibung	80.000 €
Ertrag aus der Auflösung der Rücklage 2006	+ 25.000 €
degressive Abschreibung nach § 7 Abs. 2 EStG, 20% der Anschaffungskosten von 62.500 €	- 12.500 €
Sonderabschreibung nach § 7g Abs. 1 und 2 EStG, 20 % der Anschaffungskosten von 62.500 €	- 12.500 €
Zu versteuerndes Einkommen 2008 mit Berücksichtigung von Sonder- und Ansparabschreibung	80.000 €
Auswirkung auf das zu versteuernde Einkommen	0 €

Tab. 7: Vornahme von Sonder- und Ansparabschreibung im Investitionsjahr und deren Auswirkung auf das Einkommen
Quelle: Eigene Darstellung

Wirkung der Sonderabschreibung

Wie bereits eingangs angeführt, bleibt es dem Unternehmer überlassen, ob er die Sonderabschreibung in Anspruch nimmt und wie dessen Verteilung erfolgen soll. Nimmt der Unternehmer die gesamte Sonderabschreibung im Investitionsjahr in Anspruch, treten die größtmögliche Aufwandsverlagerung und ein maximaler Steuerstundungseffekt ein. Die verminderte Steuerbelastung im Begünstigungszeitraum ist allerdings nur vorläufig. Sie wird in den darauf folgenden Jahren durch eine verminderte Abschreibung wieder ausgeglichen, so dass letztendlich nur eine Steuerverschiebung eintritt. Es findet somit eine Verlagerung des zu versteuernden Einkommens in zukünftige Veranlagungszeiträume statt. Die Sonderabschreibung wirkt wie ein zinsloser Kredit, der im Gegensatz zu Bankkrediten keinerlei Absicherung bedarf.

Ferner können die Vergünstigungen des § 7g EStG im Rahmen der Gesamtsteuerplanung gezielt eingesetzt werden, um anderweitige steuerliche Vorteile zu erlangen. So kann sich die Inanspruchnahme als besonders reizvoll erweisen, um die Einkommensgrenzen des § 5 Abs. 1 EigZulG für den Erhalt der Eigenheimzulage zu wahren.

Darüber hinaus hat der Unternehmer mit der Sonder- und Ansparabschreibung ein äußerst flexibles Bilanzierungsinstrument[319]. So kann sich die Bildung einer Ansparrücklage auch anbieten, wenn sich dadurch ein Verlust ergibt oder erhöht und dieser unter Beachtung der gesetzlichen Voraussetzungen mit anderen laufenden Einkünften verrechnet oder in das Vorjahr zurückgetragen werden kann. War das Einkommen im vorangegangenen Jahr hoch, so wird durch die Rücklage ein sofortiger Steuer- und Liquiditätsvorteil durch den Verlustrücktrag erreicht.

Weiterhin ist die Inanspruchnahme der Ansparabschreibung eine effektive Möglichkeit Einkommenserhöhungen, die aufgrund einer Betriebsprüfung entstehen, abzusenken bzw. auszugleichen. Dazu muss ein zeitnaher Antrag auf Bilanzänderung nach § 4 Abs. 2 S. 2 EStG beim Finanzamt gestellt werden. Dieser Antrag kann dann mit einer zusätzlichen Bildung einer Ansparrücklage bis zur Höhe des zusätzlichen Gewinns verbunden werden[320].

Zudem bewirkt die Bildung der Ansparabschreibung auch kurzfristige vorläufige Steuerentlastungen im Rahmen des Einkommensteuervorauszahlungsverfahrens[321]. So kann der Unternehmer eine Herabsetzung seiner Vorauszahlungen wegen der beabsichtigten Rücklagenbeträge beantragen. Die dadurch niedrigere Steuerbelastung führt zu einer kurzfristigen Verbesserung der Liquiditätslage des Betriebes. Lässt sich bei Erstellung der Bilanz allerdings erkennen, dass sich die Ansparrücklage wegen der weiteren Einkommenssteigerungen in den nächsten zwei Jahren als nachteilig auswirken würde, kann der Betriebsinhaber auf deren endgültigen Bildung verzichten. Darüber hinaus haben die Einkommensteuervorauszahlungen auch in anderer Hinsicht eine entscheidende Bedeutung. So wird anhand des letzten zu versteuernden Einkommens die Vorauszahlung für das laufende Jahr neu festgesetzt. Hat die Inanspruchnahme der Rücklage zu einer niedri-

---

[319] Vgl. Heidreich V. und Rosseburg J.: Die Ansparabschreibung als Instrument der Steuerbilanzpolitik im Lichte neuerer Rechtsprechung, a.a.O., S.634

[320] Vgl. Handzik P. in Littmann E./ Bitz H. und Pust H.: Sonderabschreibung und Ansparrücklage, a.a.O., § 7g, RZ 89

[321] Vgl. Paus B.: Lohnt sich die Ansparabschreibung nach § 7g EStG?, a.a.O., S. 1107

geren Steuer geführt, ermäßigt sich somit die Vorauszahlung für das Folgejahr.

3. Nachteile der Sonder- bzw. Ansparabschreibung

Die Geltendmachung der Vergünstigungen des § 7g EStG kann sich in bestimmten Fällen auch nachteilig auswirken.

Steigt das zu versteuernde Einkommen des Unternehmers in den folgenden Jahren stark an und kommt es dadurch zu einer Veränderung des Grenzsteuersatzes, ist die Ansparrücklage ungünstig. Sie muss in einem ohnehin schon höher besteuerten Jahr wieder gewinnerhöhend aufgelöst werden. Hier gilt es den Zinsvorteil aus der Rücklagenbildung gegen den steuerlichen Nachteil abzuwägen[322].

Darüber hinaus tritt kein Steuerspareffekt ein, wenn das zu versteuernde Einkommen auch ohne Einbeziehung der Vergünstigungen des § 7g EStG so gering ist, dass keine Steuern zu zahlen sind. Auch in den Fällen, in denen ein Verlustrücktrag nicht möglich ist, weil die gesetzlichen Voraussetzungen nicht erfüllt sind, kommt es zu keiner gewünschten liquiditätsschonenden Steuerverlagerung.

Ferner kommt es zu keiner vorteilhaften Steuerstundung, wenn die Ansparabschreibung im Bildungsjahr zwar zu einer Steuernminderung führte, die Finanzverwaltung aber wegen des steigenden Einkommens in den Folgejahren die Einkommensteuervorauszahlungen erneut festsetzt und dabei den Ertrag aus der Rücklagenauflösung berücksichtigt. Die sich daraus ergebenden höheren Vorauszahlungen stehen der Steuerermäßigung im Bildungsjahr somit gegenüber.

Weiterhin kann der durch die Nichtanschaffung des Investitionsgutes anfallende „Strafzins" von jährlich 6% des Rücklagenbetrages zu einer unnötigen Einkommenserhöhung führen, wodurch die Unternehmung in eine höhere Progressionsstufe der Einkommensteuer gelangen und dadurch Liquiditäts- und Steuernachteile eintreten könnten.

Hinzu kommt, dass ständige Steuerrechtsänderungen die Planbarkeit von unternehmerischen Entscheidungen erschweren. Eine eindeutige Vorhersage über die Höhe der Steuersätze ist unmöglich.

---

[322] Vgl. Gespräch mit der Steuerberaterin Frau Kusch D.

So kann die Ansparrücklage in einem Jahr mit hohen Steuersätzen in der Erwartung gebildet worden sein bei der Auflösung gelte ein erheblich niedrigerer Steuertarif. Ändern sich aber zwischenzeitlich die steuerlichen Gegebenheiten so, dass die Steuersätze steigen, kann die im Bildungsjahr sich ergebende steuerliche Entlastungswirkung die steuerliche Mehrbelastung im Auflösungsjahr nicht kompensieren[323]. Es kommt somit in Höhe der Steuersatzdifferenz der unterschiedlichen Jahre im Ergebnis zu einem Steuernachteil.

Zusätzlich können zum Zeitpunkt der Inanspruchnahme der Ansparabschreibung keine genauen Gewinnprognosen für die folgenden Jahre aufgezeigt werden, so dass eine gewünschte mögliche Steuerersparnis in den seltensten Fällen eindeutig festgehalten werden kann.

Schließlich lässt sich festhalten, dass das vom Gesetzgeber gewollte wirtschafts- und sozialpolitische Ziel nicht in jedem Fall vollständig erreicht werden kann. So müssen sich die im Anschaffungsjahr gewinnerhöhende Auflösung der höchstmöglichen Ansparrücklage und die gewinnmindernden Abschreibungen, wie die Sonderabschreibung von 20% und die degressive Abschreibung von ebenfalls 20%, kompensieren. Findet beispielsweise keine Investition statt, entfällt die Sonderabschreibung mangels Anspruchsvoraussetzungen oder wird eine geringere Abschreibung vorgenommen, kann es zu dieser vollständigen Kompensation nicht kommen. Der ursprünglich geplante Liquiditätsvorteil tritt somit gar nicht oder zumindest nicht in voller Höhe ein.

4. Betriebswirtschaftliche Betrachtung

Die in § 7g Abs. 3 EStG vorgesehene Rücklage ist eine Kombination aus einer steuerfreien Rücklage (Investitionsrücklage) und einer Sonderabschreibung (Mittelstandsabschreibung)[324]. Diese steuerfreie Rücklage wird aus unversteuerten Gewinnen gebildet und führt in der Periode ihrer Entstehung zu einer Ertragssteuerminderung[325]. Da die Steuer aber nur gestundet wird, stellt sie ihrem Wesen nach eine Mischung zwischen Fremdkapital (Rückstel-

---

[323] Gespräch und Schriftwechsel mit der Steuerberaterin Frau Schramm D.

[324] Vgl. Federmann R.: Bilanzierung nach Handelsrecht und Steuerrecht, a.a.O., S. 257

[325] Vgl. Perridon L. und Steiner M.: Finanzwirtschaft der Unternehmung, 5. Aufl., München 1988, S. 307

lungscharakter der aufgeschobenen Ertragssteuerzahlung) und Eigenkapital (Gewinnthesaurierung in Höhe des Restbetrages) dar[326]. Sie nimmt hinsichtlich ihrer steuerlichen Wirkung eine Sonderstellung im Rahmen der Finanzierung ein und „...ist mit der stillen Selbstfinanzierung verwandt."[327]

Das Unternehmen muss bei Inanspruchnahme der Ansparabschreibung neben der Ertragslage, den Gewinnaussichten und den steuerlichen Aspekten vor allem die betriebswirtschaftlichen Vor- und Nachteile abwägen[328].

Nach wie vor stellt die Ansparrücklage ein wichtiges Finanzierungsinstrument der mittelständischen Unternehmen mit vielen betriebswirtschaftlichen Vorteilen dar[329].

So wird die durch die Steuerstundung entstehende Liquiditätsentlastung zinslos durch das Finanzamt gewährt. Gegenüber einer sonst etwa erforderlichen Finanzierung durch Kredite muss der Unternehmer keine Tilgungsraten oder Zinszahlungen leisten was zur Erhöhung der Rentabilität und Verbesserung der Ertrags- bzw. Liquiditätslage führt[330]. Ferner treten keine zusätzlichen Kreditgeber oder Eigentümer, wie es bei der Finanzierung durch Gesellschaftereinlagen der Fall ist, auf. Es entfällt somit die Abhängigkeit von neuen Gesellschaftern und Fremdkapitalgebern[331].

Aber auch die gewinnerhöhende Auflösung der Ansparrücklage kann sich als vorteilhaft erweisen, denn das Unternehmen kann seine Ertragslage günstiger darstellen als es der Realität entspricht. Die Eigenkapitalbasis, welche z.B. die Grundlage für neue Kreditaufnahmen darstellt, wird dadurch verbessert[332].

---

[326] Vgl. Federmann R.: Bilanzierung nach Handelsrecht und Steuerrecht, a.a.O., S. 252

[327] Perridon L. und Steiner M.: Finanzwirtschaft der Unternehmung, a.a.O., S. 307

[328] Vgl. Lambrecht C. in Kirchhof P./ Söhn H. und Mellinghoff R.: Sonder- und Ansparabschreibungen, a.a.O., § 7g, RZ 66

[329] Vgl. Perridon L. und Steiner M.: Finanzwirtschaft der Unternehmung, a.a.O., S. 305

[330] Vgl. Gräfer H./ Beike R. und Scheld G.-A.: Grundlagen, Institutionen, Instrumente und Kapitalmarkttheorie, a.a.O., S. 268

[331] Vgl. Gräfer H./ Beike R. und Scheld G.-A.: Grundlagen, Institutionen, Instrumente und Kapitalmarkttheorie, a.a.O., S. 268

[332] Vgl. Perridon L. und Steiner M.: Finanzwirtschaft der Unternehmung, a.a.O., S. 308

Darüber hinaus stärkt eine stabile Eigenkapitalausstattung die Vertrauenswürdigkeit eines Unternehmens nach außen. So hat die Höhe des Eigenkapitales Auswirkungen auf die Absatz- und Beschaffungsmärkte des Betriebes, denn Kunden und Lieferanten lassen sich oftmals bei ihren Entscheidungen von der finanziellen Lage des Unternehmens leiten[333].

Die Inanspruchnahme des § 7g Abs. 3 EStG kann sich jedoch auch betriebswirtschaftlich als nachteilig erweisen. So schmälert die Bildung der Ansparrücklage den ausschüttungsfähigen Gewinn und mindert den gegenüber Gläubigern und der Öffentlichkeit ausgewiesenen Betriebserfolg[334]. Das Eigenkapital des Unternehmens wird verringert, was wiederum zur Folge hat, dass die Kreditwürdigkeit der Unternehmung verschlechtert wird.

Die Inanspruchnahme einer Rücklage kann im Einzelfall auch zu einer Bilanzverschleierung führen und die Aussagekraft dieser für externe Informationsadressaten, wie beispielsweise Banken, verringern[335].

Schließlich kann die Darstellung der Vermögenslage durch die Geltendmachung der Vergünstigungen des § 7g EStG verfälscht und die Vergleichbarkeit von Jahresabschlüssen im Zeit- und Betriebsvergleich zumindest erschwert werden[336].

---

[333] Vgl. Gräfer H./ Beike R. und Scheld G.-A.: Grundlagen, Institutionen, Instrumente und Kapitalmarkttheorie, a.a.O., S. 87

[334] Vgl. Perridon L. und Steiner M.: Finanzwirtschaft der Unternehmung, a.a.O., S. 309

[335] Vgl. Perridon L. und Steiner M.: Finanzwirtschaft der Unternehmung, a.a.O., S. 309

[336] Vgl. Heno R.: Jahresabschluss nach Handelsrecht, Steuerrecht und internationalen Standards (IAS/IFRS), 3. Aufl., Heidelberg 2003, S. 180

E. Schlussbemerkung

Der Gesetzgeber hat durch die Einführung des § 7g EStG eine erweiterte Abschreibungsmöglichkeit geschaffen, welche eine positive Signalwirkung auf die deutsche Wirtschaft hat und durchaus zu Investitionsanreizen führt. Sie stellt in der Praxis eine wichtige Refinanzierungsmöglichkeit für kleinere und mittlere Unternehmer dar. Insbesondere für Existenzgründer und neu gegründete Betriebe schafft die Vorschrift des § 7g EStG, gerade in der betrieblichen Anlaufphase, in der ein höherer Liquiditäts- und Förderbedarf besteht, eine verbesserte Möglichkeit zur Stärkung der Eigenkapitalbasis.

Wie das aufgeführte Beispiel aus Kapitel D.VIII.2. zeigte, kann mittels der Ansparabschreibung unter Umständen eine liquiditätsschonende Steuerverlagerung erzielt werden. Sie stellt somit eine günstige Finanzierungsquelle für betriebliche Investitionen dar.

Ob sich die Inanspruchnahme des § 7g EStG lohnt, lässt sich im Regelfall nicht genau ermitteln, weil die Auswirkungen von vielen Faktoren, wie dem Verhalten der Finanzverwaltung im Rahmen der Anpassung von Vorauszahlungen, der Entwicklung des Unternehmensgewinnes oder der Steuer- und Zinssätze, abhängen. Zwar können anhand von Modellrechnungen gewisse Aspekte der Entscheidungsfindung verdeutlicht werden, aber für den Einzelfall lässt sich daraus keine eindeutige Entscheidung herleiten.

Da die Geltendmachung der Sonder- bzw. Ansparabschreibung Vor- aber auch Nachteile aufweist, ist daher in jedem Einzelfall stets sorgfältig zu prüfen, ob ihre Inanspruchnahme den gewünschten Zweck erfüllt. Dabei gilt es den Aufwand für die Kontrollrechnungen und die erzielbaren Steuerersparnisse zu berücksichtigen. So sollten beide in einem vernünftigen Verhältnis zu einander stehen.

Die Beliebtheit der Ansparabschreibung als reines Gestaltungsmittel der Steuerbilanzpolitik bei den Unternehmern löste in der Vergangenheit einen Interessenkonflikt mit der Finanzverwaltung aus, der wohl auch noch in der Zukunft bestehen bleibt. Aber auch der gesetzliche Wortlaut, der in vieler Hinsicht bereits auslegungsbedürftig ist, schafft keine Klarheit über die eindeutige Anwendung der Vorschrift. Dies führt in der Praxis oft zu nicht unerheblichen Meinungsverschiedenheiten. Gerade die Anforderungen aus § 7g Abs. 3 S. 3 Nr. 3 EStG, dass die Bildung und Auflösung der

Rücklage in der Buchführung verfolgt und dass die geplante Investition konkretisiert werden muss, führen in der Praxis zu Anwendungsproblemen. Darüber hinaus bereiten der vom Gesetzgeber geforderte Finanzierungszusammenhang zwischen der Investition und der Bildung der Rücklage sowie die endgültige Auflösung der Ansparabschreibung beachtliche Schwierigkeiten. Die Vergünstigungen des § 7g EStG sind daher regelmäßig Prüfungsschwerpunkt einer Betriebsprüfung des Finanzamtes. Das in diesem Zusammenhang am häufigsten auftretende Problem bei einer Außenprüfung ist, dass die Ansparabschreibung nicht für jedes Investitionsgut einzeln verbucht, sondern in eine Sammelrücklage eingestellt, wird. Der Unternehmer vertritt die Auffassung, dass dies genüge, da von ihm nicht erwartet werden kann, dass er sich in seinen Angaben zu sehr festlegt. Für die Finanzverwaltung hingegen ist eine einwandfreie Überprüfung des später tatsächlich angeschafften bzw. hergestellten Wirtschaftsgutes mit dem der Ansparrücklage zugrunde gelegten Investitionsobjektes nur sehr schwer möglich. Anderes gilt in den Fällen, wo der Unternehmer Sammelbuchungen vornimmt und der Gewinnermittlung eine gesonderte Anlage, aus der die Aufschlüsselung der einzelnen Rücklagen ersichtlich ist, beifügt. Dies wird seitens der Finanzverwaltung anerkannt, wenn eine genaue Bezeichnung der Investitionsgüter mit ihren voraussichtlichen Anschaffungs- bzw. Herstellungskosten, deren voraussichtlicher Beschaffungszeitpunkt und die Höhe der Ansparabschreibungen aufgezeigt werden.

In der Zwischenzeit sind viele Gerichtsentscheidungen und Verwaltungsanweisungen ergangen, die jedoch die Probleme der Inanspruchnahme der Rücklage nur zum Teil klären konnten. Eine deutliche Verbesserung der Lage und damit eine höhere Rechtssicherheit brachte das BMF-Schreiben vom 25.2.2004[337], das zu Zweifelsfragen der Ansparabschreibung Stellung nimmt. Mit diesem Schreiben wurde ein Großteil der bis dahin bestehenden Rechtsanwendungsunsicherheiten geklärt, manche jedoch neu geschaffen. Beispielsweise wird der Begriff des Finanzierungszusammenhangs anstelle der vom Gesetzgeber nicht gewollten „reinen" Investitionsabsicht gesetzt. Somit ist die Bildung einer Rücklage im Nachgang einer Außenprüfung, um Steuererhöhungen zu kompensieren, nur unter verschärften Anspruchsvoraussetzungen möglich.

---

[337] Vgl. BMF Schreiben vom 25.2.2004, IV A 6-S 2183 b-1/04, BStBl I 2004, S. 337

So wünschenswert es wirtschaftspolitisch ist, die steuerlichen Rahmenbedingungen für die Investitions- und Innovationsfähigkeit der Wirtschaft zu fördern, konnte dieser vom Gesetzgeber gewollte Zweck nur zum Teil erfüllt werden. Ferner trägt § 7g EStG teilweise zu einer Komplizierung des Steuerrechts bei. Dies gilt in besonderer Weise angesichts der äußerst komplizierten Überlagerung deutschen Steuerrechts durch gemeinschaftsrechtliche Beihilfebeschränkungen, wie sie in § 7g Abs. 8 EStG zum Ausdruck kommen[338]. Investitionen sind danach nur begünstigt, soweit eine Förderfähigkeit in den sog. sensiblen Sektoren nach dem Recht der EU nicht ausgeschlossen ist. Die Ermittlungen gestalten sich in der Praxis als äußert schwierig und zeitaufwendig. Während die erste Frage anhand der Rechtsakte geprüft werden kann, stellt sich die Kontrolle der Förderfähigkeit als problematisch dar. „Die Richtlinien der EU sollen die Zulässigkeit von Beihilfeleistungen regeln und erfordern entsprechende Kenntnisse in diesem Bereich."[339] Diese thematisieren die Zulässigkeit der steuerlichen Rücklagen jedoch nicht, so dass die Einführung des § 7g Abs. 8 EStG zu einer zusätzlichen Verkomplizierung der Vorschrift führt. Auch von der Finanzverwaltung wird dieses Problem nicht weiter ausgeführt, das BMF Schreiben enthält dazu keine näheren Erläuterungen.

Unbillig ist, dass bei Unternehmen die ihren Gewinn durch Einnahme-Überschussrechnung nach § 4 Abs. 3 EStG ermitteln, per gesetzlicher Fiktion aus Vereinfachungsgründen auf die Prüfung des Größenmerkmales verzichtet wird. Sie können unabhängig vom Umfang des Betriebsvermögens Ansparrücklagen bilden, auch wenn die Wertgrenzen eindeutig überschritten sind. „So hat der Freiberufler mit einem „Großbetrieb", die Möglichkeit der Inanspruchnahme von Sonder- bzw. Ansparabschreibungen und der Bilanzierende, der das Größenmerkmal überschreitet, nicht."[340] Es stellt sich hier die Frage, ob das eigentliche Ziel des Gesetzgebers die ausschließliche Förderung kleiner und mittlerer Betriebe mit dem Gesetzeswortlaut in diesem Zusammenhang in Einklang steht.

---

[338] Vgl. Lambrecht C. in Kirchhof P./ Söhn H. und Mellinghoff R.: Sonder- und Ansparabschreibungen, a.a.O., § 7g, RZ 68

[339] Pitzke J.: Ansparabschreibungen nach § 7g Abs. 3-8 EStG, a.a.O., S. 12778

[340] Meyer B. in Herrmann C./ Heuer G. und Raupach A.: Sonderabschreibungen und Ansparabschreibungen zur Förderung kleiner und mittlerer Betriebe, a.a.O., § 7g, RZ 52

Wie die vorherigen Ausführungen verdeutlichten, kann es sich bei den Vergünstigungen des § 7g EStG darüber hinaus um eine zusätzliche Finanzierungsalternative handeln, wenn die Zuführung finanzieller Mittel von außen nicht besteht, weil das Unternehmen beispielsweise keine Sicherheitsleistungen für Kredite erbringen kann. Liegen derartige Restriktionen vor, so ist der Unternehmer auf diese Art der Innenfinanzierung angewiesen, wenn er auf betriebliches Wachstum nicht verzichten will.

Dennoch genügt diese alleinige Finanzierungsmöglichkeit nicht, um eine Optimierung der deutschen mittelständischen Finanzierungsstruktur zu erreichen. Es müssen vielmehr auch andere Finanzierungsquellen, die sowohl Eigen- als auch Fremdkapitalcharakter aufweisen, genutzt werden. „Neben der indirekten Subvention durch die in § 7g EStG geregelten Sonder- und Ansparabschreibungen dienen **zahlreiche staatliche Programme** der Förderung kleiner und mittlerer Betriebe..."[341], so z.B. die Existenzgründerprogramme der Kreditanstalt für Wiederaufbau. Schließlich kann der Unternehmer auch andere alternative Finanzierungsinstrumente, wie die Finanzierung durch Beteiligungskapital (z.B. Venture Capital), Gesellschaftereinlagen oder die Kreditfinanzierung (z.B. Privatkredite, Förderkredite) nutzen.

---

[341] Lambrecht C. in Kirchhof P./ Söhn H. und Mellinghoff R.: Sonder- und Ansparabschreibungen, a.a.O., § 7g, RZ 60

Anhang

Anhang 1: Übersicht über die steuerlich planmäßigen und außerplanmäßigen Abschreibungsmethoden für das abnutzbare bewegliche Anlagevermögen

Abschreibungsart	in Betracht kommendes Wirtschaftsgut	Rechtsgrundlage
Planmäßige Abschreibungen		
Absetzung für Abnutzung		
Lineare AfA	abnutzbares Wirtschaftsgut	§ 7 Abs. 1 S. 1 EStG
Degressive AfA	abnutzbares bewegliches Wirtschaftsgut	§ 7 Abs. 2 EStG
Leistungsabhängige AfA	abnutzbares bewegliches Wirtschaftsgut	§ 7 Abs. 1 S. 6 EStG
Sofortabzug	abnutzbares bewegliches Wirtschaftsgut mit Anschaffungs- bzw. Herstellungskosten bis 410 €	§ 6 Abs. 2 EStG
Absetzung für Substanzverringerung	abnutzbares Wirtschaftsgut	§ 7 Abs. 6 EStG
Außerplanmäßige Abschreibungen		
Absetzung für außergewöhnliche technische oder wirtschaftliche Abnutzung	abnutzbares Wirtschaftsgut	§ 7 Abs. 1 S. 7 EStG
Erhöhte Abschreibungen		
1.	Gebäude in einem Sanierungsgebiet oder städtebaulicher Entwicklungsbereich	§ 7h EStG
2.	Baumaßnahmen an Baudenkmälern	§ 7i EStG
Teilwertabschreibung	abnutzbares Wirtschaftsgut	§ 6 Abs. 1 Nr. 1 EStG
Sonderabschreibung	neues abnutzbares bewegliches Wirtschaftsgut kleiner und mittlerer Betriebe	§ 7g EStG

Tab. 8: Übersicht über die steuerlich planmäßigen und außerplanmäßigen Abschreibungsmethoden für das abnutzbare bewegliche Anlagevermögen (und die erhöhte Abschreibung nach § 7h EStG und § 7i EStG bei Gebäuden)

Quelle: Eigene Darstellung in Anlehnung an: Handzik P. in Littmann E./ Bitz H. und Pust H.: Sonderabschreibung und Ansparrücklage, a.a.O., § 7g, RZ 153

Anhang 2: Gegenüberstellung der Tatbestandsmerkmale der Rücklage nach § 7g Abs. 3-6 EStG und der Existenzgründerrücklage nach § 7g Abs. 7 EStG

Tatbestandsmerkmale	§ 7g Abs. 3-6 EStG Allgemeine Rücklage	§ 7g Abs. 7 EStG Existenzgründerrücklage
	Gemeinsamkeiten	
1. Begünstigtes Wirtschaftsgut	abnutzbare bewegliche Anlagegüter	
2. Höhe der Rücklage	40% der Anschaffungs- oder Herstellungskosten	
3. Beschaffung des Wirtschaftsgut nach dem 31.12.2000	Rücklage vorher	
	Unterschiede/Begünstigungen	
4. Beschaffung des begünstigten Wirtschaftsgut bis spätestens zum Ende des ... auf die Bildung folgenden Wirtschaftsjahres	zweiten	fünften § 7g Abs. 7 S. 1 Nr. 1 EStG
5. Rücklagenauflösung am Ende des ... auf die Bildung folgenden Wirtschaftsjahres	zweiten	fünften
6. maximale Höhe der Ansparabschreibung je Betrieb am Bilanzstichtag	153.000 €	307.000 € § 7g Abs. 7 S. 1 Nr. 3 EStG
7. Gewinnzuschlag nach § 7g Abs. 5 EStG	gegeben	entfällt § 7g Abs. 7 S. 1 Nr. 2 EStG
8. Rücklagenbildung ... für die Inanspruchnahme von Sonderabschreibungen nach § 7g Abs. 1 EStG	nötig (für die ab dem Veranlagungszeitraum 2001 angeschafften/hergestellten Wirtschaftsgüter)	nicht nötig (für nach dem 31.12.2002 beginnende Wirtschaftsjahre)[342] § 7g Abs. 7 S.1 letzter HS EStG

Tab. 9: Gegenüberstellung der Tatbestandsmerkmale der Rücklage nach § 7g Abs. 3-6 EStG und der Existenzgründerrücklage nach § 7g Abs. 7 EStG
Quelle: entworfen von: Günter Fella, Sonder- und Ansparabschreibungen zur Förderung kleiner und mittlerer Betriebe, a.a.O., S. 1444

342 Änderung § 7g Abs. 2 Nr. 3 EStG durch Art. 1 Nr. 1 des Kleinunternehmerförderungsgesetz vom 31.07.2003, BGBl I 2003, S. 1551 und OFD-Verfügung Rostock vom 1.10.2003, S 2506-St 23, 2. Beitrag

Anhang 3: Ansatz der Herstellungskosten im Steuerrecht

	Materialeinzelkosten
zzgl.	Materialgemeinkosten
zzgl.	Fertigungseinzelkosten
zzgl.	Fertigungsgemeinkosten
zzgl.	Sondereinzelkosten der Fertigung
zzgl.	Wertverzehr des Anlagevermögens
=	**Mindestansatz der steuerlichen Herstellungskosten**
zzgl.	Kosten der allgemeinen Verwaltung
zzgl.	Aufwendungen für soziale Einrichtungen
zzgl.	Aufwendungen für freiwillige soziale Leistungen
zzgl.	Kosten der betrieblichen Altersvorsorge
zzgl.	auf den Herstellungszeitraum entfallende Zinsen für das zur Finanzierung der Herstellung eingesetzte Fremdkapital
=	**Höchstbetrag der steuerlichen Herstellungskosten**

Abb. 1: Ansatz der Herstellungskosten im Steuerrecht

Quelle: Eigene Darstellung in Anlehnung an: Hilke W.: Jahresabschluss nach Handels- und Steuerrecht, a.a.O., S. 159

Anhang 4: Prüfschema für die Bildung einer Ansparrücklage

1. Schritt	Einstufung des Betriebes		
	bestehendes Unternehmen	wesentliche Erweiterung eines bereits bestehenden Unternehmens	zu eröffnen-der Betrieb
2. Schritt	Konkretisierung der Investition		
	Prognose	verbindliche Bestellung	
3. Schritt	Finanzierung der Investition		
	unzweifelhafte Finanzierungs-möglichkeit		
4. Schritt	Jahresabschluss/ Einnahme-Überschussrechnung		
	gesonderte Rücklagenbildung	getrennte Dokumentation	Konkretisie-rung Finan-zierung

je nach Wirtschaftsgut der Investitionsentscheidung

Abb. 2: Prüfschema für die Bildung einer Ansparrücklage

Quelle: Eigene Darstellung in Anlehnung an: Hegemann J. und Querbach T. Sonderabschreibungen und Ansparabschreibungen gem. § 7g EStG zur Förderung kleiner und mittlerer Betriebe, a.a.O., S. 4576

Anhang 5: Amtlicher Vordruck für die Gewinnermittlung nach Einnahme-Überschussrechnung

<table>
<tr><td></td><td></td><td></td><td></td><td>9915</td></tr>
<tr><td>11 Steuernummer</td><td>77 Zeitraum
05</td><td colspan="2">Nr. des Betriebes (lfd. Nr.)</td><td></td></tr>
<tr><td>Zuordnung Anlage EÜR zu GSE/L
105</td><td colspan="3">Gewerbekennzahl
110</td><td></td></tr>
</table>

Einnahmenüberschussrechnung – Anlage EÜR
(Gewinnermittlung nach § 4 Abs. 3 EStG) für das **Kalenderjahr 05** bzw. **Wirtschaftsjahr 05/06**
Bitte für jeden Betrieb eine gesonderte Anlage EÜR einreichen!

Steuernummer	Name
Art des Betriebs	100

Erläuterung zu den nachfolgenden Bereichen

1. Gewinnermittlung (Zeilen 1 – 57)	Diese Gewinnermittlung ist von Gewerbetreibenden, selbstständig Tätigen, Land- und Forstwirten sowie Körperschaften, Personenvereinigungen und Vermögensmassen auszufüllen.
2. Ergänzende Angaben (Zeilen 58 – 67)	Bitte **nur** ausfüllen, wenn - Rücklagen/Ansparabschreibungen gebildet oder aufgelöst werden. - Schuldzinsen als Betriebsausgaben geltend gemacht werden.

1. Gewinnermittlung

9920

Nr.	Betriebseinnahmen		Euro	Ct
1	**Betriebseinnahmen**			
2	Betriebseinnahmen als umsatzsteuerlicher **Kleinunternehmer** *(weiter ab Zeile 8)*		111	
	Davon aus Umsätzen, die in § 19 Abs. 3 Nr. 1 und Nr. 2 UStG bezeichnet sind	119		
3	Betriebseinnahmen als **Land- und Forstwirt**, soweit die Durchschnittssatzbesteuerung nach § 24 UStG angewandt wird		104	
4	Umsatzsteuerpflichtige Betriebseinnahmen		112	
5	Umsatzsteuerfreie, nicht umsatzsteuerbare Betriebseinnahmen sowie Betriebseinnahmen, für die der Leistungsempfänger die Umsatzsteuer nach § 13 b UStG schuldet		103	
6	Vereinnahmte Umsatzsteuer sowie Umsatzsteuer auf unentgeltliche Wertabgaben		140	
7	Vom Finanzamt erstattete und ggf. verrechnete Umsatzsteuer		141	
8	Veräußerung oder Entnahme von Anlagevermögen		102	
9	Private Kfz-Nutzung		106	
10	Sonstige Sach-, Nutzungs- und Leistungsentnahmen (z.B. private Telefonnutzung)		108	
11	Auflösung von Rücklagen und/oder Ansparabschreibungen (Übertrag von Zeile 63)			0 00
12	**Summe Betriebseinnahmen**		159	0 00

9925

13	**Betriebsausgaben**		Euro	Ct
14	Betriebsausgabenpauschale **für bestimmte Berufsgruppen** bzw. Freibetrag nach § 3 Nr. 26 EStG *(weiter ab Zeile 53)*	190		
15	Sachliche Bebauungskostenpauschale/Betriebsausgabenpauschale für **Land- und Forstwirte**	191		
16	Waren, Rohstoffe und Hilfsstoffe einschl. der Nebenkosten	100		
17	Bezogene Leistungen (z.B. Fremdleistungen)	110		
18	Ausgaben für eigenes Personal (z.B. Gehälter, Löhne und Versicherungsbeiträge)	120		
19	Absetzungen für Abnutzung (AfA) auf unbewegliche Wirtschaftsgüter (ohne AfA für das häusliche Arbeitszimmer)	136		
20	AfA auf immaterielle Wirtschaftsgüter (z.B. erworbene Firmen- oder Praxiswerte)	131		
21	AfA auf bewegliche Wirtschaftsgüter (z.B. Maschinen, Kfz)	130		
22	Sonderabschreibungen nach § 7g Abs. 1 und 2 EStG	134		
23	Aufwendungen für geringwertige Wirtschaftsgüter	132		
24	Restbuchwert der im Kalenderjahr/Wirtschaftsjahr ausgeschiedenen Anlagegüter	135		
25	Kraftfahrzeugkosten und andere Fahrtkosten			
26	Laufende und feste Kosten (ohne AfA und Zinsen)	140		
27	Enthaltene Kosten aus Zeilen 21, 26 und 37 für Wege zwischen Wohnung und Betriebsstätte −	142		
28	Verbleibender Betrag →	143	0	00
29	Abziehbare Aufwendungen für Wege zwischen Wohnung und Betriebsstätte	176		
30	Raumkosten und sonstige Grundstücksaufwendungen			
31	Abziehbare Aufwendungen für ein häusliches Arbeitszimmer (einschl. AfA und Schuldzinsen)	172		
32	Miete/Pacht für Geschäftsräume und betrieblich genutzte Grundstücke	150		
33	Aufwendungen für betrieblich genutzte Grundstücke (ohne Schuldzinsen und AfA)	151		
34	**Übertrag (Summe Zeilen 14 – 33)**		0	00

Steuernummer:

					Euro	Ct
35	**Übertrag aus Zeile 34:**					0	00

36	Schuldzinsen (§ 4 Abs. 4a EStG)	**nicht abziehbar**	**abziehbar**	

			Euro	Ct	Euro	Ct
37	Finanzierung von Anschaffungs-/Herstellungskosten von Wirtschaftsgütern des Anlagevermögens				178	
38	Übrige Schuldzinsen	167			179	
39	Übrige beschränkt abziehbare Betriebsausgaben (§ 4 Abs. 5 EStG)					
40	Geschenke	164			174	
41	Bewirtung	165			175	
42	Reisekosten, Aufwendungen für doppelte Haushaltsführung				173	
43	Sonstige (z.B. Geldbußen, Repräsentationskosten)	168			177	
44			Summe Zeilen 37 – 43 (abziehbar) →				0	00

45	Sonstige unbeschränkt abziehbare Betriebsausgaben für		
46	Porto, Telefon, Büromaterial	192	
47	Fortbildung, Fachliteratur	193	
48	Rechts- und Steuerberatung, Buchführung	194	
49	Übrige Betriebsausgaben	183	
50	Gezahlte Vorsteuerbeträge	185	
51	An das Finanzamt gezahlte und ggf. verrechnete Umsatzsteuer	186	
52	Bildung von Rücklagen und/oder Ansparabschreibungen (Übertrag von Zeile 63)		0	00
53	**Summe Betriebsausgaben**	199	0	00

54	**Ermittlung des Gewinns**

55	Summe der Betriebseinnahmen (Übertrag aus Zeile 12)		0	00
56	abzüglich Summe der Betriebsausgaben (Übertrag aus Zeile 53)		0	00
57	**Gewinn/Verlust**	119	0	00

2. Ergänzende Angaben

9927

58	**Rücklagen und Ansparabschreibungen**	Bildung		Auflösung	
		Euro	Ct	Euro	Ct
59	Rücklagen nach § 6c i.V.m. § 6b EStG, R 35 EStR	187		120	
60	Ansparabschreibungen nach § 7g Abs. 3 – 6 EStG	188		121	
61	Ansparabschreibungen nach § 7g Abs. 7 und 8 EStG	189		122	
62	Gewinnzuschlag nach § 6c i.V.m. § 6b Abs. 7 und 10, § 7g Abs. 5 und 6 EStG			123	
63	Summen	190	0 00	124	0 00
64		Übertrag in Zeile 52		Übertrag in Zeile 11	

9929

65	**Entnahmen und Einlagen bei Schuldzinsenabzug**		
66	Entnahmen einschl. Sach-, Leistungs- und Nutzungsentnahmen	122	
67	Einlagen einschl. Sach-, Leistungs- und Nutzungseinlagen	123	

Quelle: BMF Schreiben vom 24.1.2005, IV A 7-S 1451-10/05, BStBl I 2005, S. 321-324

Anhang 6: Amtlicher Vordruck für das Verzeichnis der Anlagegüter für die Gewinnermittlung nach Einnahme-Überschussrechnung

Verzeichnis der Anlagegüter (Muster) für das Jahr:

Um Rückfragen zu vermeiden, wird empfohlen, ein Verzeichnis nach diesem Muster ebenfalls einzureichen.

Bei nicht abnutzbaren Anlagegütern entfallen die Angaben zu Nutzungsdauer und AfA. Die Summe der AfA-Beträge ist in die Zeilen 19 – 22 zu übertragen.

Gruppe	Bezeichnung des Wirtschaftsguts	Nutzungsdauer	Anschaffungs-/ Herstellungs- oder Einlagezeitpunkt	Anschaffungs-/ Herstellungs- kosten/Teilwert	Buchwert zu Beginn des Gewinnermittlungs- zeitraums	Sonder-AfA nach § 7g EStG	AfA	Buchwert am Ende des Gewinnermittlungs- zeitraums
Unbewegliche Wirtschaftsgüter								
Summe							(Übertrag in Zeile 19)	
Häusliches Arbeitszimmer	Gebäudeteil							
	Anteil Grund und Boden						vgl. Erläuterungen zu Z. 31	
Immaterielle Wirtschaftsgüter								
Summe							(Übertrag in Zeile 20)	
Bewegliche Wirtschaftsgüter								
Summe						(Übertrag in Zeile 22)	(Übertrag in Zeile 21)	

Quelle: BMF Schreiben vom 24.1.2005, IV A 7-S 1451-10/05, BStBl I 2005, S. 325

Anhang 7: Überwachungsblatt für die Ansparrücklage (§ 7g Abs. 3-6 EStG) (Standard)

Finanzamt	Steuerpflichtige Person / Gemeinschaft
Steuernummer	Bezeichnung des Betriebs

Ansparabschreibungen nach § 7g Abs. 3 EStG im Wirtschaftsjahr

Im Wirtschaftsjahr neu gebildete Rücklagen nach § 7g Abs. 3 EStG

Voraussetzungen für die Rücklagenbildung nach § 7g Abs. 3 EStG:
- Voraussichtliche Anschaffung oder Herstellung eines neuen beweglichen Wirtschaftsgutes des Anlagevermögens bis zum Ende des übernächsten Wirtschaftsjahres,
- Gewinnermittlung nach § 4 Abs. 1, Abs. 3 oder § 5 EStG,
- bei Betrieben der Land- und Forstwirtschaft beträgt der Einheitswert am Schluss des vorangegangenen Wirtschaftsjahres nicht mehr als 122 710 €,
- bei anderen Betrieben mit Gewinnermittlung nach § 4 Abs. 1 oder § 5 EStG beträgt das Betriebsvermögen nicht mehr als 204 517 €,
- Höchstbetrag für alle Rücklagen 154 000 €,
- die Bildung und Auflösung jeder einzelnen Rücklage kann in der Buchführung verfolgt werden.

Genaue Bezeichnung des einzelnen Wirtschaftsgutes, für das eine Rücklage nach § 7g Abs. 3 EStG gebildet wird	Wirtschaftsjahr der voraussichtlichen Anschaffung oder Herstellung	voraussichtliche Anschaffungs- oder Herstellungskosten	Rücklagenhöhe (höchstens 40 % des Betrages in Spalte 3)
1	2	3	4
		€	€
		€	€
		€	€
		€	€
		€	€

In vorangegangenen Wirtschaftsjahren gebildete, noch nicht aufgelöste (Teil-)Rücklagen nach § 7g Abs. 3 EStG

Rücklage für Wirtschaftsgut (bitte genau bezeichnen)	Wirtschaftsjahr der Rücklagenbildung	Höhe der (Teil-)Rücklage
1	2	3
		€
		€
		€
		€
		€

Im Wirtschaftsjahr aufgelöste (Teil-)Rücklagen nach § 7g Abs. 3 EStG

Genaue Bezeichnung des Wirtschaftsgutes, für das die (Teil-)Rücklage gebildet wurde	Wirtschaftsjahr der Rücklagenbildung	bei Investition: Anschaffungs- / Herstellungskosten	Höhe der aufgelösten (Teil-)Rücklage	Gewinnzuschlag nach § 7g Abs. 5 EStG *
1	2	3	4	5
		€	€	€
		€	€	€
		€	€	€
		€	€	€
		€	€	€

* Ein Gewinnzuschlag entfällt nur und soweit das nach § 7g EStG begünstigte Wirtschaftsgut, für das die Rücklage gebildet worden ist, innerhalb des Investitionszeitraumes angeschafft oder hergestellt wurde und die aufgelöste Rücklage oder Teilrücklage 40 % der tatsächlichen Anschaffungs- oder Herstellungskosten des Wirtschaftsgutes nicht überschreitet (§ 7g Abs. 4 EStG).

ESt 7g (2003) - Ansparabschreibungen nach § 7g EStG - Okt. 2003

Quelle: Vorlage des Finanzministeriums Mecklenburg-Vorpommern vom Oktober 2003

Anhang 8: Überwachungsblatt für die Ansparrücklage (§ 7g Abs. 3-7 EStG) (Existenzgründer)

Zeile	
28	**Ansparabschreibungen nach § 7g Abs. 7 EStG im Wirtschaftsjahr**
29	**(Existenzgründerrücklagen)**
	Der Gründungszeitraum nach § 7g Abs. 7 Satz 1 EStG beginnt im Jahr
30	**Im Wirtschaftsjahr neu gebildete Rücklagen nach § 7g Abs. 7 EStG**
31	Voraussetzungen für die Rücklagenbildung nach § 7g Abs. 7 EStG:
	– Existenzgründerstatus i. S. v. § 7g Abs. 7 Satz 2 EStG,
32	– voraussichtliche Anschaffung oder Herstellung eines neuen beweglichen Wirtschaftsgutes des Anlagevermögens bis zum Ende des fünften auf die Bildung der Rücklage folgenden Wirtschaftsjahres,
	– Gewinnermittlung nach § 4 Abs. 1, Abs. 3 oder § 5 EStG,
33	– bei Betrieben der Land- und Forstwirtschaft beträgt der Einheitswert am Schluss des vorangegangenen Wirtschaftsjahres nicht mehr als 122 710 €,
34	– bei anderen Betrieben mit Gewinnermittlung nach § 4 Abs.1 oder § 5 EStG beträgt das Betriebsvermögen nicht mehr als 204 517 €,
	– Höchstbetrag für alle Rücklagen 307 000 €,
35	– die Bildung und Auflösung jeder einzelnen Rücklage kann in der Buchführung verfolgt werden,
	– kein Ausschluss der Förderfähigkeit wegen sensibler Sektoren nach § 7g Abs. 8 EStG.

Zeile	Genaue Bezeichnung des einzelnen Wirtschaftsgutes, für das eine Rücklage nach § 7g Abs. 7 EStG gebildet wird	Wirtschaftsjahr der voraussichtlichen Anschaffung oder Herstellung	voraussichtliche Anschaffungs- oder Herstellungskosten	Rücklagenhöhe (höchstens 40 % des Betrages in Spalte 3)
36 / 37	1	2	3	4
38				
39			€	€
40			€	€
41			€	€
42			€	€
43			€	€

In vorangegangenen Wirtschaftsjahren gebildete, noch nicht aufgelöste (Teil-)Rücklagen nach § 7g Abs. 7 EStG

Zeile	Rücklage für Wirtschaftsgut (bitte genau bezeichnen)	Wirtschaftsjahr der Rücklagenbildung	Höhe der (Teil-)Rücklage
44	1	2	3
45			
46			€
47			€
48			€
49			€

Im Wirtschaftsjahr aufgelöste (Teil-)Rücklagen nach § 7g Abs. 7 EStG

Zeile	Genaue Bezeichnung des Wirtschaftsgutes, für das die (Teil-)Rücklage gebildet wurde	Wirtschaftsjahr der Rücklagenbildung	bei Investition: Anschaffungs- / Herstellungskosten	Höhe der aufgelösten (Teil-)Rücklage
51 / 52	1	2	3	4
53				
54			€	€
55			€	€
56			€	€
57			€	€

Quelle: Vorlage des Finanzministeriums Mecklenburg-Vorpommern vom Oktober 2003

Anhang 9: Ansparabschreibung § 7g/3,7 EStG

Ansparabschreibung § 7g/3,7 EStG 31.12.2004

27.11.05

WG d. AV	Wirtschaftsjahr der Bildung	Zeitpkt. der vor. Anschaffg.	vor. AK €	Ansparabschr. €	Auflösung	tatsächliche AHK Ansparabschr.	Zeitpkt. der tats. Anschaffg.	zu verzinsen
Laborschrankwand	2000	III/2004	12.782,29	6.391,15	2004	12.924,85	30.09.04	0,00
Kommissionierautom.	2001	III/2006	61.355,02	24.542,01				0,00
PKW Audi	2001	IV/2005	25.564,59	10.225,84				0,00
Notebook	2003	II/2004	1.200,00	480,00	2004	1.223,28	19.05.04	0,00
Topitec Automat	2003	I/2004	1.600,00	640,00	2004	1.608,94	23.03.04	0,00
Kopierer	2003	I/2004	1.800,00	720,00	2004	1.885,00	16.02.04	0,00
Beleuchtungsanlage	2003	II/2004	3.000,00	1.200,00	2004	3.036,50	18.06.04	0,00
Summe §7g/3,7 EStG				34.767,85				
§ 7g EStG								
Projektor	2004	II/2005	900,00	360,00				
Analysenwaage	2004	II/2005	1.800,00	720,00				
Wasserdestilierautom	2004	III/2005	2.500,00	1.000,00				
Summe §7g EStG				2.080,00				
Stand:								

Quelle: Frau Kusch D. vom Steuerbüro Bormann, Demant & Partner, Kunkeldanweg 12, 18055 Rostock

Anhang 10: Ansparrücklage (§ 7g Abs. 3-6 EStG) (Standard)

Ansparrücklage (§7g Abs. 3-6 EStG) (Standard)

ECOVIS

Steuerpflichtiger:
Steuernummer:

Belegnummer:

Bilanz zum

Nr.	Bezeichnung des begünstigten Wirtschaftsgutes	Bildung der Rücklage			Investition voraussichtlich	Höhe der AK/HK	Datum der Anschaffung/ Auflösung	Auflösung der Rücklage				Gewinnzuschlag
		voraussichtliche AK/HK	im WJ	Höhe				Zwangsauflösung spätestens	vorzeitige Auflösung	Auflösung durch Investition	Auflösung ohne Investition	außerbilanzielle Hinzurechnung
												6% pro Jahr
		in EUR	JJJJ	in EUR	MM JJJJ	in EUR	TT MM JJJJ	0.1.	in EUR	in EUR	in EUR	in EUR

Bilanzansatz Konto 2998:   - €
Einstellung in 1900

Buchung:
6926/2998

Quelle: Frau Ruchay I. vom Steuerbüro Ecovis, Friedrich-Engels-Ring 38, 17033 Neubrandenburg

Anhang 11: Ansparrücklage (§ 7g Abs. 3-7 EStG) (Existenzgründer)

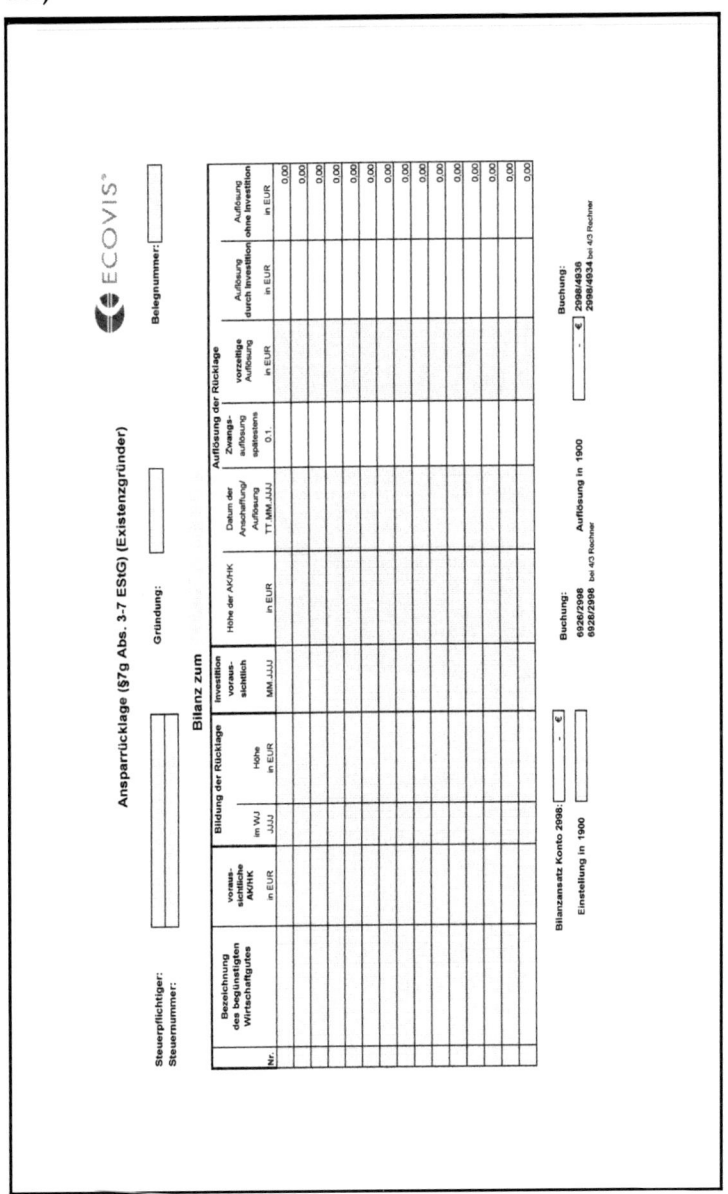

Quelle: Frau Ruchay I. vom Steuerbüro Ecovis, Friedrich Engels-Ring 38, 17033 Neubrandenburg

Literaturverzeichnis

I. Bücher

Däumler K.-D.: Betriebliche Finanzwissenschaft, 5. Aufl., Herne, Berlin 1991

Falterbaum H./ Bolk W./ Reiß W. und Eberhart R.: Buchführung und Bilanz, Hrsg. Deutsche Steuergewerkschaft, 18. Aufl., Achim bei Bremen 2001

Federmann R.: Bilanzierung nach Handelsrecht und Steuerrecht, 11. Aufl., Berlin 2000

Gräfer H./ Beike R. und Scheld G.-A.: Grundlagen, Institutionen, Instrumente und Kapitalmarkttheorie, 2. Aufl., Hamburg 1994

Heno R. : Jahresabschluss nach Handelsrecht, Steuerrecht und internationalen Standards (IAS/IFRS), 3. Aufl., Heidelberg 2003

Hilke W.: Jahresabschluss nach Handels- und Steuerrecht, 6. Aufl., Wiesbaden 2002

Perridon L. und Steiner M.: Finanzwirtschaft der Unternehmung, 5. Aufl., München 1988

II. Kommentare

Drenseck W. in Schmidt L./ Drenseck W./ Glanegger P./ Heinicke W./ Seeger S.F. und Wackeer R.: Absetzung für Abnutzung oder Substanzverringerung, im: Kommentar zum Einkommensteuerrecht zu § 7 EStG, 24. Aufl., München 2005

Drenseck W. in Schmidt L./ Drenseck W./ Glanegger P./ Heinicke W./ Seeger S.F. und Wackeer R.: Sonderabschreibungen und Ansparabschreibungen, im: Kommentar zum Einkommensteuerrecht zu § 7g EStG, 24. Aufl., München 2005

Handzik P. in Littmann E./ Bitz H. und Pust H.: Sonderabschreibung und Ansparrücklage, im: Kommentar zum Einkommensteuerrecht zu § 7g EStG, 15. Aufl., Stuttgart 2005

Lambrecht C. in Kirchhof P./ Söhn H. und Mellinghoff R.: Sonder- und Ansparabschreibungen, im Kommentar zum Einkommensteuerrecht zu § 7g EStG, Band 7 zu §§ 7-8 EStG, Loseblattsammlung, Heidelberg 2005

Meyer B. in Herrmann C./ Heuer G. und Raupach A.: Sonderabschreibungen und Ansparabschreibungen zur Förderung kleiner und mittlerer Betriebe, im: Kommentar zum Einkommensteuerrecht zu § 7g EStG, Loseblattsammlung, Köln 2005

III. Zeitschriftenaufsätze, Aufsätze aus Sammelwerken

Fella G.: Sonder- und Ansparabschreibungen zur Förderung kleiner mittlerer Betriebe, in: NWB, Heft 19 vom 6.5.2002, Fach 3, S. 11953-11964

Gänger H.: Absetzungen für Abnutzungen, in: NWB, Heft 48 vom 23.11.1998, Fach 3c, S. 4803-4840

Hegemann J. und Querbach T.: Aktuelle Rechtssprechung zur Ansparabschreibung nach § 7g Abs. 3 EStG, in: BKK, Heft 21 vom 4.11.2005, Fach 13, S. 4789-4798

Hegemann J. und Querbach T.: Sonderabschreibungen und Ansparabschreibungen gem. § 7g EStG zur Förderung kleiner und mittlerer Betriebe, in: BKK, Heft 22 vom 21.11.2003, Fach 14, S. 4563-4576

Heidreich V. und Rosseburg J.: Die Ansparabschreibung als Instrument der Steuerbilanzpolitik im Lichte neuerer Rechtsprechung, in: Steuer-Stud, Heft 12/2003, S. 634-638

Kai O.: Gewinnermittlung nach § 4 Abs. 3 EStG durch amtlich vorgeschriebenen Vordruck, in: NWB, Heft 23 vom 6.6.2006, Fach 17, S. 2057-2072

Keller M.: Absetzung für Abnutzung, in: ABC der Betriebsprüfung, Hrsg. Papperitz G. u.a., 4. erweiterte Aufl., Fach 6, Bonn, Berlin 2005, S.1-41

Kratzsch A.: Gestalten mit Sonder- und Ansparabschreibungen, in: NWB, Heft 34 vom 22.8.2005, Fach 3, S. 13645-13662

Moritz J.: Ansparabschreibung, in: LSW, Hrsg. Haufe, Heft 4/2004, Gr. 4/19, München, S. 1-12

Paus B.: Lohnt sich die Ansparabschreibung nach § 7g EStG?, in: DStR, Heft 41/1994, S. 1104-1109

Pitzke J.: Ansparabschreibungen nach § 7g Abs. 3-8 EStG, in: NWB, Heft 12 vom 15.3.2004, Fach 3, S. 12769-12778

Rädtke B.: Investitionsabsicht, Finanzierungszusammenhang und Konkretisierung der Ansparrücklage nach § 7g EStG, in: StuB, Heft 13/2003, S. 601-603

Rosarius L.: Sonderabschreibungen in: LSW, Hrsg. Haufe, Heft 3/2003, Gr. 4/287, München, S. 1-8

Sander B.: Sonderabschreibungen, in: ABC der Betriebsprüfung, Hrsg. Papperitz G. u.a., 4. erweiterte Aufl., Fach 6, Bonn, Berlin 2005, S. 1-15

Schoor H.-W.: Planmäßige Abschreibung des Anlagevermögens: Gesetzliche Grundlagen und allgemeine Grundsätze in: BBK, Heft 13 vom 6.7.2001, Fach 12, S. 6471-6481

IV. Internet

Beschluss des Bundesrates vom 7.4.2006 über das Gesetz zur steuerlichen Förderung von Wachstum und Beschäftigung sowie dem Gesetz zur Eindämmung missbräuchlicher Steuergestaltungen
www2.nwb.de/portal/content/ir/service/ news/news_359650.aspx vom 16.4.2006

Insolvenzen www.creditreform.de/Deutsch/Creditreform/Aktuelles/Creditreform_News /Creditreform_News/2006-02-07_Insolvenzen in Deutschland vom 1.3.2006

Insolvenzen www.creditreform.de/Deutsch/Creditreform/Aktuelles/Creditreform_News/Creditreform_News/Presseinformation Stand 30.11.2004 vom 1.3.2006

KMU-Definition-www.kfw-mittelstandsbank.de/DE_Home /Service/Kreditantrag _und_Formulare /142291_M_KMU_Definition 2005_01.pdf vom 18.2.2006

Koalitionsvertrag zwischen CDU, CSU und SPD vom 11.11.2005, Thema 1.3. Verbesserte Mittelstandsfinanzierung, S. 15 www.cdu.de/doc/pdf/05_11_11 koalitionsvertrag.pdf vom 8.1.2006

Rechtsquellenverzeichnis

I. Gesetze, Einkommensteuerhandbücher

Amtliches Einkommensteuerhandbuch 2004: Hrsg. Bundesamt der Finanzen und der obersten Finanzbehörden der Länder, Herne, Berlin 2003, in der Fassung vom 15.12.2003, BStBl I 2003, Sondernummer 2/2003

Amtliches Einkommensteuerhandbuch 2005: Hrsg. Bundesamt der Finanzen und der obersten Finanzbehörden der Länder, Herne, Berlin 2005, in der Fassung vom 16.12.2005, BStBl I 2005, Sondernummer 1/2005

Haushaltsbegleitgesetz 2003 vom 29.12.2004, BGBl I 2004, S. 3076

Jahressteuergesetz 1997 vom 20.12.1996, BGBl I 1996, S. 2949

Kleinunternehmerförderungsgesetz vom 31.7.2003, BGBl I 2003, S. 1550

Standortsicherungsgesetz vom 13.9.1993, BGBl I 1993, S. 774

Steuerbereinigungsgesetz 1999 vom 22.12.1999, BGBl I 1999, S. 2601

Steuerentlastungsgesetz 1984 vom 25.11.1983, BGBl I 1983, S. 1583

Steuerentlastungsgesetz 1999/2000/2002 vom 24.3.1999, BGBl I 1999, S. 402

Steuersenkungsgesetz vom 23.10.2000, BGBl I 2000, S. 1433

Wichtige Steuergesetze aus der NWB Textausgabe, 54. Aufl., Herne, Berlin 2006

Wichtige Wirtschaftsgesetze aus der NWB Textausgabe, 19. Aufl., Herne, Berlin 2006

II. BFH Urteile

	Aktenzeichen	Fundstelle
BFH Urteil vom 9.3.1967	IV R 149/66	BStBl II 1967, S. 238
BFH Urteil vom 8.3.1968	VI R 29/67	BStBl II 1968, S. 430
BFH Urteil vom 24.5.1968	VI R 176/66	BStBl II 1968, S. 571
BFH Urteil vom 11.12.1970	VI R 262/68	BStBl II 1971, S. 198
BFH Urteil vom 28.9.1971	VIII R 73/68	BStBl II 1972, S. 176
BFH Urteil vom 12.6.1975	VIII R 38/73	BStBl II 1976, S. 96
BFH Urteil vom 19.5.1976	I R 164/74	BStBl II 1977, S. 60
BFH Urteil vom 15.10.1976	III R 139/74	BStBl II 1977, S. 59
BFH Urteil vom 25.3.1977	V R 113/74	BStBl II 1977, S. 708
BFH Urteil vom 14.2.1978	VIII R 176/73	BStBl II 1978, S. 343
BFH Urteil vom 13.3.1979	III R 71/78	BStBl II 1979, S. 287
BFH Urteil vom 23.1.1980	I R 33/77	BStBl II 1980, S. 356
BFH Urteil vom 2.5.1980	III R 12/79	BStBl II 1980, S. 758
BFH Urteil vom 9.2.1983	I R 29/79	BStBl II 1983, S. 451
BFH Urteil vom 10.4.1984	VIII R 218/79	BStBl II 1984, S. 734
BFH Urteil vom 9.8.1984	IV R 151/81	BStBl II 1985, S. 47
BFH Urteil vom 16.1.1986	III R 116/83	BStBl II 1986, S. 467
BFH Urteil vom 31.1.1986	VI R 78/82	BStBl II 1986, S. 355
BFH Urteil vom 23.5.1986	III R 66/85	BStBl II 1986, S. 916
BFH Urteil vom 23.5.1986	III R 144/85	BStBl II 1986, S. 919
BFH Urteil vom 13.4.1988	I R 104/86	BStBl II 1988, S. 892
BFH Urteil vom 22.4.1988	III R 54/83	BStBl II 1988, S. 901
BFH Urteil vom 6.4.1990	III R 2/87	BStBl II 1990, S. 752
BFH Urteil vom 4.7.1990	GrS 1/89	BStBl II 1990, S. 830
BFH Urteil vom 10.7.1991	VIII R 126/86	BStBl II 1991, S. 840
BFH Urteil vom 6.12.1991	III R 108/90	BStBl II 1992, S. 452
BFH Urteil vom 26.3.1993	III S 42/92	BStBl II 1993, S. 723
BFH Urteil vom 16.1.1996	IX R 60/94	BFH/NV 1996 S. 600

	Aktenzeichen	Fundstelle
BFH Urteil vom 19.11.1997	X R 78/94	BStBl II 1998, S. 59
BFH Urteil vom 21.7.1999	I R 57/98	BStBl II 2001, S. 127
BFH Urteil vom 23.8.1999	GrS 1/97	BStBl II 1999, S. 778
BFH Urteil vom 9.12.1999	III R 49/97	BStBl II 2000, S. 434
BFH Urteil vom 7.9.2000	III R 44/96	BStBl II 2001, S. 37
BFH Urteil vom 14.8.2001	XI R 18/01	BFH/NV 2002, S. 181
BFH Urteil vom 8.11.2001	VI R 29/96	BFH/NV 1997, S. 288
BFH Urteil vom 12.12.2001	XI R 13/00	BStBl II 2002, S. 385
BFH Urteil vom 19.2.2002	III R 14/02	BStBl II 2004, S. 570
BFH Urteil vom 25.4.2002	IV R 30/00	BStBl II 2004, S. 182
BFH Urteil vom 6.3.2003	IV R 23/01	BStBl II 2004, S. 187

III. FG Urteile

	Aktenzeichen	Fundstelle
FG Bremen vom 12.8.2002	1 K 245/01	ohne Angabe
FG Hessen vom 6.12.2004	1 K 1516/04	ohne Angabe
FG Hamburg vom 24.10.2000	II 357/00	ohne Angabe
FG Niedersachsen vom 16.1.2002	2 K 249/01	ohne Angabe
FG München vom 17.11.1998	X R 4/99	EFG 1999, S. 220

IV. Verwaltungsanweisungen

	Aktenzeichen	Fundstelle
BMF Schreiben vom 18.11.1985	IV B 1-S 2211-35/85	BStBl I 1985, S. 683
BMF Schreiben vom 12.12.1996	IV B 2-S 2138-37/96	BStBl I 1996, S. 1441
BMF Scheiben vom 2.1.1997	IV B 2-S 2138-40/96	BStBl I 1997, S. 102

	Aktenzeichen	Fundstelle
BMF Schreiben vom 1.2.2001	IV A 6-S 2139 b-12/00	BStBl I 2001, S. 170
BMF Schreiben vom 28.6.2001	IV A 5-InvZ 1271-21/01	BStBl I 2001, S. 379
BMF Schreiben vom 6.12.2001	IV D 2-S 1551-498/01	BStBl I 2001, S. 860
BMF Schreiben vom 14.12.2001	IV D 2-S 1551-497/01	BStBl I 2001, S. 861
BMF Schreiben vom 25.2.2004	IV A 6-S 2183 b-1/04	BStBl I 2004, S. 337
BMF Schreiben vom 24.1.2005	IV A 7-S 1451-10/05	BStBl I 2005, S. 320

V. Verfügungen der Finanzverwaltung[343]

	Aktenzeichen
OFD-Verfügung Rostock vom 17.9.2001	S 2138b-St 237
OFD-Verfügung Rostock vom 1.10.2003	S 2506-St 23, 2. Beitrag

---

[343] Anm.: Nach Auflösung der OFD Rostock wurden die Zuständigkeiten für steuerliche Angelegenheiten dem Finanzministerium Mecklenburg-Vorpommern übertragen. Die genannten OFD-Verfügungen sind nunmehr dort erhältlich.

Verzeichnis der persönlichen Auskünfte

Küchmeister S.: Sachbearbeiterin bei der IHK Hamburg, Adolphsplatz 1, 20414 Hamburg, Gespräch vom 21.10.2005

Kusch D.: Steuerberaterin aus dem Steuerbüro Bormann, Demant & Partner, Kunkeldanweg 12, 18055 Rostock, Gespräch vom 16.1.2006

Ruchay I.: Steuerfachangestellte aus dem Steuerbüro Ecovis, Friedrich-Engels-Ring 38, 17033 Neubrandenburg, Gespräch vom 22.11.2005

Schramm D.: Steuerberaterin aus dem Steuerbüro Hansa Data GmbH, Blücherstraße 88, 18055 Rostock, Gespräch vom 14.2.2006 und Schriftwechsel vom 15.2.2006

Sieber-Bethke C.: Sachbearbeiterin bei der IHK München, Oberbayern, Max-Joseph-Straße 2, 80333 München, Gespräch vom 21.10.2005